早わかり&実践

新 学習指導要領
解説 中学校 技術・家庭
家庭分野

理解への近道！

編著　長澤由喜子／木村美智子／鈴木真由子／
田中宏子／永田晴子／中村恵子／横山真貴子

開隆堂

▶ は　じ　め　に

　2017年3月に，新しい学習指導要領が告示されました。今回の改訂では，AI（人工知能）の飛躍的進化などにより社会構造や雇用環境が劇的に変化することが予想される中で，実社会・実生活の高度な問題解決に必要な「資質・能力」の育成が大きく掲げられています。一方で，先生方の世代交代が進んでおり，これまでの教育に関わる様々な経験や知見をどのように継承していくかという課題にも対応するため，その内容も構造も，大きく様変わりした改訂となりました。

　新学習指導要領は，2018年から先行実施，そして2020年からは完全実施となります。指導にあたっては，新学習指導要領に示されている内容を読み込んで適切に理解し，その趣旨を生かした授業を展開することが必要です。

　しかし，現場の先生方におかれましては，授業研究だけでなく，さまざまなご校務があり，なかなか，学習指導要領の読み込みのためのお時間がとれないという状況があると思います。

　そこで本書は，ご多用の先生方に向けて，改訂に携わった編著者が，新学習指導要領解説のポイントを一目でわかるよう示し，なおかつ，改訂の背景などさらにわかりやすい解説も付しました。また実際の授業で役立てていただくために，学習指導要領の指導事項ごとに「考えられる実践」として題材例を掲載していることも本書の特徴です。

　本書を読み通していただくと，新しい学習指導要領での中学校技術・家庭科 家庭分野の学習の全体像がつかめるようになっています。

　学習に取り組む生徒の姿や興味・関心を想い描いて，新たな学びを引き出し，生きる力が身につく授業が展開されますことを期待しています。

　　　　　　　　　　　　　　　　　　　　　　　　2017年10月　　編著者一同

はじめに
6　本書の構成と使い方

第1部　新しい技術・家庭科「家庭分野」

8　1　新しい学習指導要領の改訂のポイント
14　2　学習指導要領　新旧対照表

第2部　新学習指導要領を読み解く

A　家族・家庭生活

1 自分の成長と家族・家庭生活

22　ⓐ 自分の成長と家族や家庭生活との関わりが分かり, 家族・家庭の基本的な機能について理解するとともに, 家族や地域の人々と協力・協働して家庭生活を営む必要があることに気付く

2 幼児の生活と家族

24　ⓐ (ア)幼児の発達と生活の特徴が分かり, 子供が育つ環境としての家族の役割について理解する
26　　(イ)幼児にとっての遊びの意義や幼児との関わり方について理解する
28　ⓑ 幼児とのよりよい関わり方について考え, 工夫する

3 家族・家庭や地域との関わり

32　ⓐ (ア)家族の互いの立場や役割が分かり, 協力することによって家族関をよりよくできることについて理解する
34　　(イ)家庭生活は地域との相互の関わりで成り立っていることが分かり, 高齢者など地域の人々と協働する必要があることや介護など高齢者との関わり方について理解する
36　ⓑ 家族関係をよりよくする方法及び高齢者など地域の人々と関わり, 協働する方法について考え, 工夫する

38　**4 家族・家庭生活についての課題と実践**
40　授業展開例

B　衣食住の生活

1 食事の役割と中学生の栄養の特徴

44　ⓐ (ア)生活の中で食事が果たす役割について理解する
46　　(イ)中学生に必要な栄養の特徴が分かり, 健康によい食習慣について理解する
48　ⓑ 健康によい食習慣について考え, 工夫する

2 中学生に必要な栄養を満たす食事

50　ⓐ (ア)栄養素の種類と働きが分かり, 食品の栄養的な特質について理解する
52　　(イ)中学生の1日に必要な食品の種類と概量が分かり, 1日分の献立作成の方法について理解する
54　ⓑ 中学生の1日分の献立について考え, 工夫する

3 日常食の調理と地域の食文化

56　ⓐ (ア)日常生活と関連付け, 用途に応じた食品の選択について理解し, 適切にできる
58　　(イ)食品や調理用具等の安全と衛生に留意した管理について理解し, 適切にできる
60　　(ウ)材料に適した加熱調理の仕方について理解し, 基礎的な日常食の調理が適切にできる

64	㋐	(エ) 地域の食文化について理解し，地域の食材を用いた和食の調理が適切にできる
66	㋑	日常の１食分の調理について，食品の選択や調理の仕方，調理計画を考え，工夫する
68		調理題材例
70		授業展開例

4 衣服の選択と手入れ

74	㋐	(ア) 衣服と社会生活との関わりが分かり，目的に応じた着用，個性を生かす着用及び衣服の適切な選択について理解する
76		(イ) 衣服の計画的な活用の必要性，衣服の材料や状態に応じた日常着の手入れについて理解し，適切にできる
78	㋑	衣服の選択，材料や状態に応じた日常着の手入れの仕方を考え，工夫する

5 生活を豊かにするための布を用いた製作

80	㋐	製作する物に適した材料や縫い方について理解し，用具を安全に取り扱い，製作が適切にできる
82	㋑	資源や環境に配慮し，生活を豊かにするために布を用いた物の製作計画を考え，製作を工夫する
84		製作題材例
86		授業展開例

6 住居の機能と安全な住まい方

90	㋐	(ア) 家族の生活と住空間との関わりが分かり，住居の基本的な機能について理解する
92		(イ) 家庭内の事故の防ぎ方など家族の安全を考えた住空間の整え方について理解する
94	㋑	家族の安全を考えた住空間の整え方について考え，工夫する
96		授業展開例

98	**7**	衣食住の生活についての課題と実践

C　消費生活・環境

1 金銭の管理と購入

100	㋐	(ア) 購入方法や支払い方法の特徴が分かり，計画的な金銭管理の必要性について理解する
102		(イ) 売買契約の仕組み，消費者被害の背景とその対応について理解し，物資・サービスの選択に必要な情報の収集・整理が適切にできる
106	㋑	物資・サービスの選択に必要な情報を活用して購入について考え，工夫する

2 消費者の権利と責任

108	㋐	消費者の基本的な権利と責任，自分や家族の消費生活が環境や社会に及ぼす影響について理解する
110	㋑	身近な消費生活について，自立した消費者としての責任ある消費行動を考え，工夫する

112	**3**	消費生活・環境についての課題と実践
114		授業展開例

第3部　資料

- 120　技術分野の学習指導要領
- 122　小学校家庭科，中学校技術・家庭科「家庭分野」の内容
- 124　特別の教科 道徳の学習指導要領
- 126　他教科との関連

本書の構成と使い方

基本ページ

本書は、学習指導要領そのものを理解する「早わかり」パートと、その学習指導要領の活動例・題材例を紹介する「実践」パートで構成されています。パッと学習指導要領の要点をつかみたいときや、授業づくりのヒントを得たいときなど、目的に応じて、使い分けができます。

■学習指導要領
学習指導要領の指導事項ごとに、掲載されています。独立してまとめられておりますので、どの頁からでも読み始められます。

■キーワード
新しい学習指導要領解説の中で、具体的な学習内容や新たに加わった表現などの重要語句をまとめています。

■ハヤヨミ
学習指導要領解説を「ですます」調でやさしく記述し、特に大事な部分に、マーカー（下線）を引いています。重要箇所を際立たせると同時に、全文を読まなくても、概要がパッと頭に入るというような目的もあります。

■よくわかる解説
学習指導要領の解説をさらにわかりやすく、かみ砕いた文章で説明しています。改訂のポイントについては、その意図や背景もわかるように補足されています。

■考えられる実践
それぞれの項目で考えられる活動例や題材例を紹介しています。授業づくりのヒントになります。全体の題材を通して観ると、小学校で行われる授業がイメージできます。

授業展開例

学習指導要領で特に新たに加わった内容については、見開きで授業の流れを展開しています（各内容で1～2例）。授業に取り入れやすいよう、指導案に近い形で記載されています。

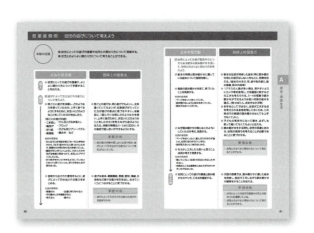

授業研究にご活用下さい！

新しい技術・家庭科「家庭分野」

第 1 部
The first

新しい学習指導要領の改訂のポイント

新しい学習指導要領の改訂のポイント

新しい学習指導要領では、技術・家庭科「家庭分野」はどのように変わったのでしょうか。まずは全体の構造と、改訂のポイントについて以下にまとめました。

■ 目標と内容

教科の目標	生活の営みに係る見方・考え方や技術の見方・考え方を働かせ、生活や技術に関する実践的・体験的な活動を通して、よりよい生活の実現や持続可能な社会の構築に向けて、生活を工夫し創造する資質・能力を次のとおり育成することを目指す。

■ 分野の目標

技術分野

技術の見方・考え方を働かせ、ものづくりなどの技術に関する実践的・体験的な活動を通して、技術によってよりよい生活や持続可能な社会を構築する資質・能力を次のとおり育成することを目指す。

家庭分野

生活の営みに係る見方・考え方を働かせ、衣食住などに関する実践的・体験的な活動を通して、よりよい生活の実現に向けて、生活を工夫し創造する資質・能力を次のとおり育成することを目指す。

■ 内容の構成

内容	項目	事項
A 家族・家庭生活	(1) 自分の成長と家族・家庭生活	ア 自分の成長と家庭生活との関わり、家族・家庭の基本的な機能、家族や地域の人々との協力・協働
	(2) 幼児の生活と家族	ア (ア) 幼児の発達と生活の特徴、家族の役割 (イ) 幼児の遊びの意義、幼児との関わり方 イ 幼児との関わり方の工夫
	(3) 家族・家庭や地域との関わり	ア (ア) 家族の協力と家族関係 (イ) 家庭生活と地域との関わり、高齢者との関わり方 イ 家庭生活をよりよくする方法及び地域の人々と協働する方法の工夫
	(4) 家族・家庭生活についての課題と実践	ア 家族、幼児の生活又は地域の生活についての課題と計画、実践、評価
B 衣食住の生活	(1) 食事の役割と中学生の栄養の特徴	ア (ア) 食事が果たす役割 (イ) 中学生の栄養の特徴、健康によい食習慣 イ 健康によい食習慣の工夫
	(2) 中学生に必要な栄養を満たす食事	ア (ア) 栄養素の種類と働き、食品の栄養的特質 (イ) 中学生の1日に必要な食品の種類と概量、献立作成 イ 中学生の1日分の献立の工夫
	(3) 日常食の調理と地域の食文化	ア (ア) 用途に応じた食品の選択 (イ) 食品や調理用具等の安全・衛生に留意した管理 (ウ) 材料に適した加熱調理の仕方、基礎的な日常食の調理 (エ) 地域の食文化、地域の食材を用いた和食の調理 イ 日常の1食分の調理及び食品の選択や調理の仕方、調理計画の工夫
	(4) 衣服の選択と手入れ	ア (ア) 衣服と社会生活との関わり、目的に応じた着用や個性を生かす着用、衣服の選択 (イ) 衣服の計画的な活用、衣服の材料や状態に応じた日常着の手入れ イ 日常着の選択や手入れの工夫
	(5) 生活を豊かにするための布を用いた製作	ア 製作する物に適した材料や縫い方、用具の安全な取扱い イ 生活を豊かにするための資源や環境に配慮した布を用いた物の製作計画及び製作の工夫
	(6) 住居の機能と安全な住まい方	ア (ア) 家族の生活と住空間との関わり、住居の基本的な機能 (イ) 家族の安全を考えた住空間の整え方 イ 家族の安全を考えた住空間の整え方の工夫
	(7) 衣食住の生活についての課題と実践	ア 食生活、衣生活、住生活についての課題と計画、実践、評価
C 消費生活・環境	(1) 金銭の管理と購入	ア (ア) 購入方法や支払い方法の特徴、計画的な金銭管理 (イ) 売買契約の仕組み、消費者被害、選択に必要な情報の収集・整理 イ 情報を活用した物資・サービスの購入の工夫
	(2) 消費者の権利と責任	ア 消費者の基本的な権利と責任、消費生活が環境や社会に及ぼす影響 イ 自立した消費者としての消費行動の工夫
	(3) 消費生活・環境についての課題と実践	ア 環境に配慮した消費生活についての課題と計画、実践、評価

■ 改訂の要点

1 目標の改善

家族・家庭生活の多様化や消費生活の変化等に加えて,グローバル化や少子高齢社会の進展,持続可能な社会の構築等,今後の社会の急激な変化に主体的に対応することや,技術の発達を主体的に支え,技術革新を牽引することができる資質・能力の育成を目指しています。

> 教科目標及び分野目標は,育成を目指す資質・能力を三つの柱により明確にしつつ,学校教育法第30条第2項の規定等を踏まえ,(1)として「知識及び技能」を,(2)として「思考力,判断力,表現力等」を,(3)として「学びに向かう力,人間性等」を示しています。

> 柱書の冒頭には,(1)から(3)までに示す資質・能力の育成を目指すに当たり,質の高い深い学びを実現するために,技術・家庭科の特質に応じた物事を捉える視点や考え方として「生活の営みに係る見方・考え方」を働かせることについて示しています。

● 家庭分野における学習方法の特質として,実践的・体験的な学習活動の充実を図る考え方はこれまでと変わっていません。家族や家庭,衣食住,消費や環境などに関する実践的・体験的な活動を通して,具体的な学習を展開することにより,「基礎的・基本的な知識及び技能」を確実に身に付けるとともに,知識及び技能を活用して,身近な生活の課題を解決したり,家庭や地域での実践を行ったりすることができるようにすることを目指しています。

● (1)の目標は,「何を理解しているか,何ができるか」として,家庭の機能について理解を深め,家族や家庭,衣食住,消費や環境などに関する内容を取り上げ,生活の自立に必要な基礎的な理解を図るとともに,それらに係る技能を身に付け,生活における自立の基礎を培うことについて示しています。改訂では,これまでの知識の習得が「理解」として示されています。

● (2)の目標は,「理解していること,できることをどう使うか」として,課題解決的な学習過程(例えば,生活の課題発見→解決方法の検討と計画→課題解決に向けた実践活動→実践活動の評価・改善)を通して,習得した「知識及び技能」を活用し,「思考力,判断力,表現力等」を育成することにより,課題を解決する力を養うことについて示しています。目標の中に学習過程が明示されたことが,今回改訂による大きな変更点になっています。

● (3)の目標は,「どのように社会・世界と関わり,よりよい人生を送るか」として,(1)及び(2)で身に付けた資質・能力を活用し,家庭生活を大切にする心情を育むとともに,自分と家族生活と地域との関わりを考え,家庭や地域の人々と協働し,よりよい生活の実現に向けて,生活を工夫する実践的な態度を養うことについて示しています。

新しい学習指導要領の改訂のポイント

2 内容の改善

● 内容構成の改善

　今回の改訂では、小・中・高等学校の内容の系統性を明確にし、各内容の接続が見えるように、小・中学校においては、従前のA、B、C、Dの四つの内容を「A家族・家庭生活」、「B衣食住の生活」、「C消費生活・環境」の三つの内容としています。A、B、Cのそれぞれの内容は、生活の営みに係る見方・考え方に示した主な視点が共通しています。

　また、これらの三つの内容は、空間軸と時間軸の視点から学校段階別に学習対象を整理しています。中学校における空間軸の視点は、主に家族と地域、時間軸の視点は、これからの生活を展望した現在の生活です。

　さらに、資質・能力を育成する学習過程を踏まえ、各項目は、原則として「知識及び技能」の習得と、「思考力、判断力、表現力等」の育成に関する二つの指導事項ア、イで構成しています。

● 履修についての改善

　内容の「A家族・家庭生活」の（1）のアについては、小学校家庭科の学習を踏まえ、家族・家庭の機能について扱うとともに、中学校における学習の見通しをもたせるためのガイダンスとして、第1学年の最初に履修させることとしています。また、「生活の課題と実践」に係る「A家族・家庭生活」の（4）、「B衣食住の生活」の（7）、「C消費生活・環境」の（3）についてはこれらの三項目のうち、一以上を選択して履修させ、他の内容と関連を図り扱うこととしています。

● 社会の変化への対応

・家族・家庭生活に関する内容の充実

　少子高齢社会の進展に対応して、家族や地域の人々とよりよく関わる力を育成するために、「A家族・家庭生活」においては、幼児との触れ合い体験などを一層重視するとともに、高齢者など地域の人々と協働することに関する内容を新設しています。

・食育の推進に関する内容の充実

　食育を一層推進するために、「B衣食住の生活」の食生活に関する内容を小学校と同様の食事の役割、栄養と献立で構成するとともに、調理の学習においては、小学校での「ゆでる、いためる」に加え、「煮る、焼く、蒸す等」の調理方法を扱い、基礎的・基本的な知識及び技能を確実に習得できるようにしています。

・日本の生活文化に関する内容の充実

　グローバル化に対応して、日本の生活文化を継承することの大切さに気付くことができるよう、「B衣食住の生活」においては、和食・和服など、日本の伝統的な生活について扱うこととしています。

・自立した消費者の育成に関する内容の充実

　持続可能な社会の構築などに対応して、自立した消費者を育成するために、「C消費生活・環境」においては、「計画的な金銭管理」、「消費者被害への対応」に関する内容を新設するとともに、他の内容と関連を図り、消費生活や環境に配慮したライフスタイルの確立の基礎となる内容の改善を図っています。

● 知識及び技能を実生活で活用することに関する内容の充実

　　習得した知識及び技能などを実生活で活用するために,「生活と課題の実践」については,A,B,Cの各内容に位置付け,他の内容との関連を図り,実践的な活動を家庭や地域などで行うなどの内容の改善を図っています。

● 家族・家庭の機能と生活の営みに係る見方・考え方」と関連を図るための内容の充実

　　家族・家庭の機能をAの(1)「自分の成長と家族・家庭生活」に位置付け,各内容と関連を図るとともに「生活の営みに係る見方・考え方」における協力,健康・快適・安全及び持続可能な社会の構築等の視点と関連を図るため,「B衣食住の生活」及び「C消費生活・環境」における「働きや役割」に関する内容の改善を図っています。

○ 項目ごとの指導事項の構成については,育成する資質・能力を三つの柱に沿って示すことが基本となりますが,「学びに向かう力,人間性等」については,題材を通して育成を図るという観点から教科目標においてまとめて示すこととしています。

○ 各内容の改訂のポイントについては,以下が挙げられます。

●A家族・家庭生活

　　(1)「自分の成長と家族・家庭生活」のアについては,これまでと同様にガイダンスとして扱うとともに,家族・家庭生活の機能がBやCの学習内容と関連しており,生活の営みに係る見方・考え方に基づく学習の意義に気付かせることを意図しています。また,家族や地域の人々とよりよく関わる力を育成するために,幼児の観察や触れ合いに加えて,高齢者など地域の人々との協働について取り上げ,高齢者の身体の特徴に触れるとともに,高齢者の介護の基礎に関する体験的な活動ができるよう留意することとされました。

●B衣食住の生活

　　生活文化を継承する大切さに気付くようにするため,日本の伝統的な生活について扱うとされました。

　　食生活については,食文化や共食の意義を取り上げるとともに,食育の充実を図ることが求められています。また,調理加工の方法や,和食の調理が明記されました。

　　衣生活については,和服について触れるとともに,資源や環境に配慮した製作の一環として,衣服等の再利用の方法も扱うこととされました。

　　住生活については,「A家族・家庭生活」との関連を図り,自然災害に備えた安全な住空間の整え方についても扱うこととされました。

●C消費生活・環境

　　消費者市民社会の担い手を育成するため,小中高の系統性を図り,「計画的な金銭管理」「売買契約の仕組み」「消費者被害の背景と対応」に関する内容が新設され,クレジットの三者間契約も扱うこととされました。また,消費生活が環境や社会に与える影響を考慮し,自立した消費者としての責任ある消費生活について,実践的に学習することが求められています。

11

新しい学習指導要領の改訂のポイント

■ 家庭分野に係る見方・考え方

● 今回改訂による小学校家庭科及び中学校技術・家庭科＜家庭分野＞の目標では，教科で育成を目指す資質・能力に係る三つの柱を示すにあたり，柱書の冒頭に「生活の営みに係る見方・考え方を働かせ」と示しています。「生活の営みに係る見方・考え方」とは，家庭科の特質に応じた物事を捉える視点や考え方を指しており，目標を実現するために，この考え方を拠り所として学習を進めることとされています。

● 「生活の営みに係る見方・考え方」については，「家族や家庭，衣食住，消費や環境などに係る生活事象を，協力・協働，健康・快適・安全，生活文化の継承・創造，持続可能な社会の構築等の視点で捉え，よりよい生活を営むために工夫すること」としています。例えば，家族・家庭生活では主として「協力・協働」，衣食住の生活では主として「健康・快適・安全」や「生活文化の継承・創造」，消費生活・環境では主として「持続可能な社会の構築」を考察の視点とするとしています。なお，小学校においては，「協力・協働」については「家族や地域の人々との協力」，「生活文化の継承・創造」については「生活文化の大切さに気付くこと」を視点として扱うこととしています。

● 今回の改訂では，小・中・高の内容の系統性を明確にするため，小・中学校では共通に「A家族・家庭生活」「B衣食住の生活」「C消費生活・環境」の3つの内容とし，ABCのそれぞれの内容は，「生活の営みに係る見方・考え方」に示される主な視点が共通する枠組みとなっています。これらの視点は相互に関わり合うもので，児童・生徒の発達段階等により，題材ごとにいずれの視点を重視するかを適切に定める必要があるとしています。（図1参照）

図1 「生活の営みに係る見方・考え方」における内容と視点の重点の置き方

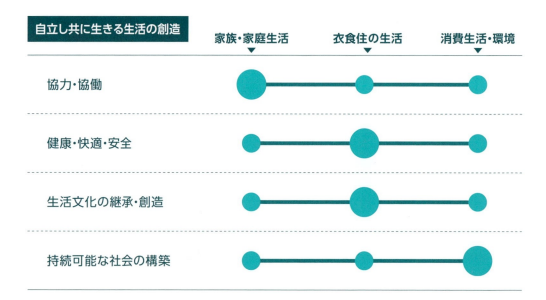

※ 主として捉える見方や考え方については，大きい丸で示している。取上げる内容や題材構成等により，どのような見方や考え方を重視するかは異なる。

● 「生活の営みに係る見方・考え方」の扱いについては，小・中学校ともに「A家族・家庭生活」(1)のアにおいて扱うことになっています。小学校家庭科の内容の取扱いでは，「(1)のアについては，AからCまでの各内容の学習と関連を図り，日常生活における様々な問題について，家族や地域の人々との協力，健康・快適・安全，持続可能な社会の構築等を視点として考え，解決に向けて工夫することが大切であることに気付かせるようにすること」としています。中学校家庭分野においても同様の取扱いが示されており，各内容の導入的な学習の中で，児童・生徒にAの(1)のアを思い起こさせて，内容に対応した視点を意識化させることが求められています。

● 「生活の営みに係る見方・考え方」は，質の高い深い学びを実現するために重要であるとしています。「見方・考え方」と深い学びとの関連については，改訂学習指導要領総則の第1章第3の1の(1)「主体的・対話的で深い学びの実現に向けた授業改善」における以下の記述が参考になります。

> 　第1の3の(1)から(3)までに示すこと(※育成する資質・能力の三本柱)が偏りなく実現されるよう，単元や題材など内容や時間のまとまりを見通しながら，児童の主体的・対話的で深い学びの実現に向けた授業改善を行うこと。
>
> 　特に，各教科等において身に付けた知識及び技能を活用したり，思考力，判断力，表現力等や学びに向かう力，人間性等を発揮させたりして，学習の対象となる物事を捉え思考することにより，各教科等の特質に応じた物事を捉える視点や考え方(以下「見方・考え方」という。)が鍛えられていくことに留意し，児童が各教科等の特質に応じた見方・考え方を働かせながら，知識を相互に関連付けてより深く理解したり，情報を精査して考えを形成したり，問題を見いだして解決策を考えたり，思いや考えを基に創造したりすることに向かう過程を重視した学習の充実を図ること。

● 上記の記述では，下線部に「見方・考え方」が重ねて示されています。前半では，「見方・考え方」を支えているのは，各教科等の学習で身に付けた資質・能力の三つの柱であり，思考や探求に必要な道具や手段として資質・能力の三つの柱が活用・発揮され，その過程で「見方・考え方」がより豊かで確かなものになっていくことを「鍛えられていく」という言葉で表しています。後半は，中教審答申に示された「深い学び」の実現に向けた授業改善の視点と同じであり，授業改善の取り組みを活性化するために必要なものとして「見方・考え方」を示しています。

● 「見方・考え方」は，各教科等における本質的な学びの中核をなし，教科等における学びと社会をつなぐものであり，児童・生徒が学習や人生において「見方・考え方」を自在に働かせることができるように，「見方・考え方」を鍛えながら，教科の体系的な学びの充実を図ることが求められています。家庭科の体系的な学びを通して鍛えられていく「生活の営みに係る見方・考え方」は，児童が成長して大人になって生活していく上で大切な働きをする汎用的な能力の基盤をなすと考えられます。

● 家庭科の体系的な学びを充実させるためには，「生活の営みに係る見方・考え方」における各視点を軸とした知識を，概念化に向けてどのように児童・生徒に意識化させるかが重要となります。児童一人一人が未来社会の担い手となることができるよう，「生活の営みに係る見方・考え方」を鍛えるための効果的な学びが求められています。

学習指導要領　新旧対照表

学習指導要領　新旧対照表

ここで新しい学習指導要領で加わった内容や，変更点について，新旧対照の形で一覧できるようにしました。「備考」では，新設事項や改訂の理由について記しています。

現　行	改定後	備　考
〔家庭分野〕 1 目標 衣食住などに関する実践的・体験的な学習活動を通して，生活の自立に必要な基礎的・基本的な知識及び技術を習得するとともに，家庭の機能について理解を深め，これからの生活を展望して，課題をもって生活をよりよくしようとする能力と態度を育てる。	〔家庭分野〕 1 目標 生活の営みに係る見方・考え方を働かせ，衣食住などに関する実践的・体験的な活動を通して，よりよい生活の実現に向けて，生活を工夫し創造する資質・能力を次のとおり育成することを目指す。 (1)家族・家庭の機能について理解を深め，家族・家庭，衣食住，消費や環境について，生活の自立に必要な基礎的な理解を図るとともに，それらに係る技能を身に付けるようにする。 (2)家族・家庭や地域における生活の中から問題を見いだして課題を設定し，解決策を構想し，実践を評価・改善し，考察したことを論理的に表現するなど，これからの生活を展望して課題を解決する力を養う。 (3)自分と家族，家庭生活と地域との関わりを考え，家族や地域の人々と協働し，よりよい生活の実現に向けて，生活を工夫し創造しようとする実践的な態度を養う。	・「生活の営みに係る見方・考え方」に示される視点は，家庭科で扱うすべての内容に共通し，相互に関わり合うことから，取上げる内容や題材構成等によって，いずれの視点を重視するのかを適切に定める。小学校では，「協力・協働」は「家族や地域の人々との協力」，「生活文化の継承・創造」は「生活文化の大切さに気付くこと」を視点として扱う。 ・資質・能力の3つの柱として，(1)「知識及び技能」，(2)「思考力，判断力，表現力等」，(3)「学びに向かう力，人間性等」を示している。
2 内容 A 家族・家庭と子どもの成長	2 内容 A 家族・家庭生活	・小・中学校の内容の系統性の明確化を図り，共通の内容となっているため，現行「家庭と子どもの成長」が「家庭生活」に変更。
	次の(1)から(4)までの項目について，課題をもって，家族や地域の人々と協力・協働し，よりよい家庭生活に向けて考え，工夫する活動を通して，次の事項を身に付けることができるよう指導する。	・現行「次の事項を指導する」の記述が各項目ではなく，各内容の前に書かれている。ここでは，内容Aの見方・考え方として「協力・協働」が挙げられている。この視点を踏まえて，(1)～(4)で学習する基礎的・基本的な知識を活用し，「思考力・判断・表現力等」が身に付くよう指導することが求められている。
(1)自分の成長と家族について，次の事項を指導する。 ア 自分の成長と家族や家庭生活とのかかわりについて考えること。	(1)自分の成長と家族・家庭生活 ア 自分の成長と家族や家庭生活との関わりが分かり，家族・家庭の基本的な機能について理解するとともに，家族や地域の人々と協力・協働して家庭生活を営む必要があることに気付くこと。	・(1)：「・家庭生活」が追加。 ・(1)ア：現行(2)アにある「家庭や家族の基本的な機能」が移動。現行(1)のガイダンスとしての内容に，「家族・家庭の機能」を理解させるとともに，生活の営みに係る見方・考え方の視点の「協力・協働」の必要性について気付かせることが追加されている。 ・アは知識・技能，イは工夫を示す。
(3)幼児の生活と家族について，次の事項を指導する。 ア 幼児の発達と生活の特徴を知り，子どもが育つ環境としての家族の役割について理解すること。 イ 幼児の観察や遊び道具の製作などの活動を通して，幼児の遊びの意義について理解すること。	(2)幼児の生活と家族 ア 次のような知識を身に付けること。 (ア)幼児の発達と生活の特徴が分かり，子供が育つ環境としての家族の役割について理解すること。 (イ)幼児にとっての遊びの意義や幼児との関わり方について理解すること。 イ 幼児とのよりよい関わり方について考え，	・(2)：現行では，幼児の遊びの意義を理解するための活動例として，幼児の観察や遊び道具の製作を示しているが，改訂後では特定の活動例は削除され，「幼児との関わり方」についての理解を求めている。幼児を理解し，実際に幼児と関わる活動に重点を置いた授業展開が求められる。

現　行	改定後	備　考
ウ 幼児と触れ合うなどの活動を通して, 幼児への関心を深め, かかわり方を工夫できること。	工夫すること。	
(2) 家庭と家族関係について, 次の事項を指導する。	(3) 家族・家庭や地域との関わり 　ア 次のような知識を身に付けること。	・(3):現行「家庭と家族関係」が「家族・家庭や地域との関わり」に変更。
イ これからの自分と家族とのかかわりに関心をもち, 家族関係をよりよくする方法を考えること。	(ア) 家族の互いの立場や役割が分かり, 協力することによって家族関係をよりよくできることについて理解すること。	・(3)ア(ア):家族関係について「立場や役割」「協力すること」を理解させることが求められている。
ア 家庭や家族の基本的な機能と, 家庭生活と地域とのかかわりについて理解すること。	(イ) 家庭生活は地域との相互の関わりで成り立っていることが分かり, 高齢者など地域の人々と協働する必要があることや介護など高齢者との関わり方について理解すること。	・(3)ア(イ):「高齢者など地域の人々との協働」の必要性の理解や「介護など高齢者との関わり方」の理解が追加。ここで取り扱う「介護など高齢者との関わり方」については, 「3 内容の取扱い」のエにある通り, 高齢者の身体的特徴と高齢者の介護の基礎となる。 ・現行(2)アにある「家庭や家族の基本的な機能」が(1)アへ移動。
	イ 家族関係をよりよくする方法及び高齢者など地域の人々と関わり, 協働する方法について考え, 工夫すること。	・(3)イ:家族や地域の人々との関わりについて, 見方・考え方として「協働」の視点から問題解決的な学習を行うことが求められる。 ・「3 内容の取扱い」のエで「地域の活動や行事」や他教科との関連を図ることが配慮事項として求められている。
(3) 幼児の生活と家族について, 次の事項を指導する。 　エ 家族又は幼児の生活に関心をもち, 課題をもって家族関係又は幼児の生活について工夫し, 計画を立てて実践できること。	(4) 家族・家庭生活についての課題と実践 　ア 家族, 幼児の生活又は地域の生活の中から問題を見いだして課題を設定し, その解決に向けてよりよい生活を考え, 計画を立てて実践できること。	・(4):現行「幼児の生活と家族」が「家族・家庭生活」に変更。 ・(4)ア:内容Aの生活の課題と実践の課題設定の対象に「地域の生活」が追加。
B 食生活と自立	B 衣食住の生活 次の(1)から(7)までの項目について, 課題をもって, 健康・快適・安全で豊かな食生活, 衣生活, 住生活に向けて考え, 工夫する活動を通して, 次の事項を身に付けることができるよう指導する。	
(1) 中学生の食生活と栄養について, 次の事項を指導する。 　ア 自分の食生活に関心をもち, 生活の中で食事が果たす役割を理解し, 健康によい食習慣について考えること。	(1) 食事の役割と中学生の栄養の特徴 　ア 次のような知識を身に付けること。 　　(ア) 生活の中で食事が果たす役割について理解すること。 　　(イ) 中学生に必要な栄養の特徴が分かり, 健康によい食習慣について理解すること。 　イ 健康によい食習慣について考え, 工夫すること。	・「(1)食事の役割」「(2)栄養を満たす食事」「(3)日常食の調理」と, 小中で内容のまとまりを統一。 ・(1)ア(イ):イで食習慣について工夫するために, (イ)で「健康によい食習慣について理解する」。
イ 栄養素の種類と働きを知り, 中学生に必要な栄養の特徴について考えること。 (2) 日常食の献立と食品の選び方について, 次の事項を指導する。 　ア 食品の栄養的特質や中学生の1日に必要な食品の種類と概量について知ること。 　イ 中学生の1日分の献立を考えること。	(2) 中学生に必要な栄養を満たす食事 　ア 次のような知識を身に付けること。 　　(ア) 栄養素の種類と働きが分かり, 食品の栄養的な特質について理解すること。 　　(イ) 中学生の1日に必要な食品の種類と概量が分かり, 1日分の献立作成の方法について理解すること。 　イ 中学生の1日分の献立について考え, 工夫すること。	・(2)ア(ア):「栄養素の種類と働き」は, 現行(1)から(2)へ移動。 ・(2)ア(イ):(2)イで1日分の献立を工夫するために, 「1日分の献立作成の方法について理解する」。
	(3) 日常食の調理と地域の食文化	・知識は「〜理解すること。」, 技能は「適

15

学習指導要領　新旧対照表

現　行	改　定　後	備　考
ウ 食品の品質を見分け, 用途に応じて選択できること。 (3) 日常食の調理と地域の食文化について, 次の事項を指導する。 　ア 基礎的な日常食の調理ができること。また, 安全と衛生に留意し, 食品や調理用具等の適切な管理ができること。 　イ 地域の食材を生かすなどの調理を通して, 地域の食文化について理解すること。	ア 次のような知識及び技能を身に付けること 　(ア) 日常生活と関連付け, 用途に応じた食品の選択について理解し, 適切にできること。 　(イ) 食品や調理用具等の安全と衛生に留意した管理について理解し, 適切にできること。 　(ウ) 材料に適した加熱調理の仕方について理解し, 基礎的な日常食の調理が適切にできること。 　(エ) 地域の食文化について理解し, 地域の食材を用いた和食の調理が適切にできること。 イ 日常の1食分の調理について, 食品の選択や調理の仕方, 調理計画を考え, 工夫すること。	切にできること。」と明記。 ・(3)ア(ア):「用途に応じた食品の選択」は現行(2)から(3)へ移動。「日常生活と関連付け」を追記。 ・(3)ア(ウ):「材料に適した加熱調理の仕方について理解し」と目的を明記。 ・(3)ア(エ):「地域の食材を用いた和食の調理」を新設。 ・工夫としてイを新設。「日常の1食分の調理」を工夫する。
C 衣生活・住生活と自立 (1) 衣服の選択と手入れについて, 次の事項を指導する。 　ア 衣服と社会生活とのかかわりを理解し, 目的に応じた着用や個性を生かす着用を工夫できること。 　イ 衣服の計画的な活用の必要性を理解し, 適切な選択ができること。 　ウ 衣服の材料や状態に応じた日常着の手入れができること。 (3) 衣生活, 住生活などの生活の工夫について, 次の事項を指導する。 　ア 布を用いた物の製作を通して, 生活を豊かにするための工夫ができること。	(4) 衣服の選択と手入れ 　ア 次のような知識及び技能を身に付けること。 　(ア) 衣服と社会生活との関わりが分かり, 目的に応じた着用, 個性を生かす着用及び衣服の適切な選択について理解すること。 　(イ) 衣服の計画的な活用の必要性, 衣服の材料や状態に応じた日常着の手入れについて理解し, 適切にできること。 　イ 衣服の選択, 材料や状態に応じた日常着の手入れの仕方を考え, 工夫すること。 (5) 生活を豊かにするための布を用いた製作 　ア 製作する物に適した材料や縫い方について理解し, 用具を安全に取り扱い, 製作が適切にできること。	・(4)ア(ア):現行C(1)イから「衣服の適切な選択」が移動。衣服の社会生活上の機能が分かった上で, TPOを考え個性を生かした衣服を適切に選択できるようにする。「3 内容の取扱い」に記載されているように, ここでは, 日本の伝統的な衣服である「和服」に触れることが新たに加わった。和服の基本的な着装を扱うこともできることや, 既製服の表示と選択の扱いはこれまで通り。 ・(4)ア(イ):現行C(1)のイ「衣服の計画的な活用」とウが合一したのが変更点。衣服の計画的な活用を考えた上で, 日常着の手入れを理解し適切にできるようにする。日常着の手入れについては, これまで通り, 洗濯と補修を取り扱う。 ・(4)イ:(4)アで身に付けた知識及び技能を活用し, 衣服の選択や手入れに係る課題を解決できるように工夫する。 ・(5):現行C(3)で扱ってきた製作を, 新たに内容Bの「項目」の一つとして扱うようになったことが大きな変更点。今回の改訂により, 小学校と中学校の布を用いた製作の項目表記を統一して「生活を豊かにするための布を用いた製作」とし, 学習の継続性が重視されている。 ・(5)ア:「製作する物に適した材料や縫い方について理解し, 用具を安全に取り扱い, 製作が適切にできる」が新設。また, 「3 内容の取扱い」に記載されているように, 製作に際して, 衣服等の再利用の方法についても触れる。
(2) 住居の機能と住まい方について, 次の事項を指導する。 　ア 家族の住空間について考え, 住居の基本的な機能について知ること。 　イ 家族の安全を考えた室内環境の整え方を知り, 快適な住まい方を工夫できること。 **B 食生活と自立**	イ 資源や環境に配慮し, 生活を豊かにするために布を用いた物の製作計画を考え, 製作を工夫すること。 (6) 住居の機能と安全な住まい方 　ア 次のような知識を身に付けること。 　(ア) 家族の生活と住空間との関わりが分かり, 住居の基本的な機能について理解すること。 　(イ) 家庭内の事故の防ぎ方など家族の安全を考えた住空間の整え方について理解すること。 　イ 家族の安全を考えた住空間の整え方について考え, 工夫すること。	・(5)イ:製作に係る課題を解決するために, アで身に付けた知識及び技能を活用して資源や環境に配慮し, 製作の工夫ができるようにする。 ・(6)ア:「A家族・家庭生活」の(2)(3)との関連を図り, 幼児及び高齢者について扱うことが求められている。 ・(6)ア(イ)とイ:自然災害に備えた住空間の整え方についても扱うことが求められている。 ・指導事項イとして問題解決的な学習を通して「思考力, 判断力, 表現力等」の育成を図る。

16

現　行	改　定　後	備　考
(3)日常食の調理と地域の食文化について，次の事項を指導する。 　ウ 食生活に関心をもち，課題をもって日常食又は地域の食材を生かした調理などの活動について工夫し，計画を立てて実践できること。	(7)衣食住の生活についての課題と実践 　ア 食生活，衣生活，住生活の中から問題を見いだして課題を設定し，その解決に向けてよりよい生活を考え，計画を立てて実践できること。	・現行「B(3)ウ」と「C(3)イ」の「生活の課題と実践」が「(7)ア」としてまとめられた。
C 衣生活・住生活と自立 (3)衣生活，住生活などの生活の工夫について，次の事項を指導する。 　イ 衣服又は住まいに関心をもち，課題をもって衣生活又は住生活について工夫し，計画を立てて実践できること。		
D 身近な消費生活と環境 (1)家庭生活と消費について，次の事項を指導する。	**C 消費生活・環境** 次の(1)から(3)までの項目について，課題をもって，<u>持続可能な社会の構築</u>に向けて考え，工夫する活動を通して，次の事項を身に付けることができるよう指導する。 <u>(1)金銭の管理と購入</u> ア 次のような知識及び技能を身に付けること。	・消費生活全体を通して持続可能な社会の構築の視点で考えられるようにするため，学習項目の構成を変更。
イ 販売方法の特徴について知り，生活に必要な物資・サービスの適切な選択，購入及び活用ができること。	(ア)<u>購入方法や支払い方法の特徴</u>が分かり，<u>計画的な金銭管理の必要性</u>について理解すること。	・(1)ア(ア)：消費者の立場で考えやすくするため，「販売方法の特徴」を「購入方法や支払い方法の特徴」に変更。 小中学校の系統性を図るため「計画的な金銭管理の必要性」の理解を新設。 クレジットによる支払い(高校の学習内容の一部)等，三者間契約についても扱う。
	(イ)<u>売買契約の仕組み，消費者被害の背景とその対応について理解</u>し，物資・サービスの選択に必要な情報の収集・整理が適切にできること。 イ 物資・サービスの選択に必要な<u>情報を活用</u>して購入について考え，工夫すること。	・(1)ア(イ)：18歳成人への移行を視野に入れ，「売買契約の仕組み」「消費者被害の背景と対応」の理解を新設。 ・(1)イ：何を活用するのか明確にするため「選択に必要な情報を活用」と明記。
	<u>(2)消費者の権利と責任</u>	・(2)：中学生の消費生活における消費者の権利と責任について，具体的な場面に即して扱う。
ア 自分や家族の消費生活に関心をもち，消費者の基本的な権利と責任について理解すること。	ア 消費者の基本的な権利と責任，<u>自分や家族の消費生活が環境や社会に及ぼす影響</u>について理解すること。 イ 身近な消費生活について，<u>自立した消費者としての責任ある消費行動を考え，工夫する</u>こと。	・消費者市民社会の担い手である自立した消費者としての責任ある消費行動について，権利と責任，環境や社会に及ぼす影響を追記。
(2)家庭生活と環境について，次の事項を指導する。 　ア 自分や家族の消費生活が環境に与える影響について考え，環境に配慮した消費生活について工夫し，実践できること。	<u>(3)消費生活・環境についての課題と実践</u> 　ア 自分や家族の消費生活の中から問題を見いだして課題を設定し，その解決に向けて環境に配慮した消費生活を考え，計画を立てて実践できること。	・(3)：持続可能な社会の構築の視点で問題を発見し，課題設定・解決を図るため，内容Cにも「課題と実践」を新設。
3 内容の取扱い (新設) (1)内容の「A家族・家庭と子どもの成長」については，次のとおり取り扱うものとする。	3 内容の取扱い <u>(1)各内容については，生活の科学的な理解を深めるための実践的・体験的な活動を充実すること。</u> (2)内容の「A家族・家庭生活」については，次のとおり取り扱うものとする。 <u>ア (1)のアについては，家族・家庭の基本的な機能がAからCまでの各内容に関わっていることや，家族・家庭や地域における様々な問題について，協力・協働，健康・快適・安全，生活文化の継承，持続可能な社会の構築等を視点として考え，解決に向</u>	・ア：(1)アについて，家族・家庭の基本的な機能について取り扱うことになった。

17

学習指導要領　新旧対照表

現　行	改定後	備　考
	けて工夫することが大切であることに気付かせるようにすること。	
ア (1), (2)及び(3)については, 相互に関連を図り, 実習や観察, ロールプレイングなどの学習活動を中心とするよう留意すること。	イ (1), (2)及び(3)については, 相互に関連を図り, 実習や観察, ロールプレイングなどの学習活動を中心とするよう留意すること。	
ウ (3)のアについては, 幼児期における周囲との基本的な信頼関係や生活習慣の形成の重要性についても扱うこと。(3)のウについては, 幼稚園や保育所等の幼児との触れ合いができるよう留意すること。	ウ (2)については, 幼稚園, 保育所, 認定こども園などの幼児の観察や幼児との触れ合いができるよう留意すること。アの(ア)については, 幼児期における周囲との基本的な信頼関係や生活習慣の形成の重要性についても扱うこと。	
イ (2)のアについては, 高齢者などの地域の人々とのかかわりについても触れるよう留意すること。	エ (2)のイ(イ)については, 高齢者の身体の特徴についても触れること。また, 高齢者の介護の基礎に関する体験的な活動ができるよう留意すること。イについては, 地域の活動や行事などを取り上げたり, 他教科等における学習との関連を図ったりするよう配慮すること。	・エ：(3)ア(イ)について, 高齢者の身体の特徴と介護の基礎に関する内容が新設されている。(3)イの問題解決的な学習において, 地域の活動や行事を取り上げたり, 他教科等の学習との関連を図ったりすることが配慮事項として新設。
(2)内容の「B食生活と自立」については, 次のとおり取り扱うものとする。	(3)内容の「B衣食住の生活」については, 次のとおり取り扱うものとする。 ア 日本の伝統的な生活についても扱い, 生活文化を継承する大切さに気付くことができるよう配慮すること。 イ (1)のアの(ア)については, 食事を共にする意義や食文化を継承することについても扱うこと。	・イ：「食事を共にする意義や食文化を継承すること」と明記。
ア (1)のイについては, 水の働きや食物繊維についても触れること。 イ (2)のウについては, 主として調理実習で用いる生鮮食品と加工食品の良否や表示を扱うこと。 ウ (3)のアについては, 魚, 肉, 野菜を中心として扱い, 基礎的な題材を取り上げること。(3)のイについては, 調理実習を中心とし, 主として地域又は季節の食材を利用することの意義について扱うこと。また, 地域の伝統的な行事食や郷土料理を扱うこともできること。 エ 食に関する指導については, 技術・家庭科の特質に応じて, 食育の充実に資するよう配慮すること。	ウ (2)のアの(ア)については, 水の働きや食物繊維についても触れること。 エ (3)のアの(ア)については, 主として調理実習で用いる生鮮食品と加工食品の表示を扱うこと。(ウ)については, 煮る, 焼く, 蒸す等を扱うこと。また, 魚, 肉, 野菜を中心とすること。(エ)については, だしを用いた煮物又は汁物を取り上げること。また, 地域の伝統的な行事食や郷土料理を扱うこともできること。 オ 食に関する指導については, 技術・家庭科の特質に応じて, 食育の充実に資するよう配慮すること。	・エ：加熱調理として「煮る, 焼く, 蒸す等を扱うこと。」と明記。新設された和食の調理として「だしを用いた煮物又は汁物を取り上げること。」と明記。
(3)内容の「C衣生活・住生活と自立」については, 次のとおり取り扱うものとする。 ア (1)のアについては, 和服の基本的な着装を扱うこともできること。(1)のイについては, 既製服の表示と選択に当たっての留意事項を扱うこと。(1)のウについては, 日常着の手入れは主として洗濯と補修を扱うこと。 ウ (3)のアについては, (1)のウとの関連を図り, 主として補修の技術を生かしてできる製作品を扱うこと。	カ (4)のアの(ア)については, 日本の伝統的な衣服である和服について触れること。また, 和服の基本的な着装を扱うこともできること。さらに, 既製服の表示と選択に当たっての留意事項を扱うこと。(イ)については, 日常着の手入れは主として洗濯と補修を扱うこと。 キ (5)のアについては, 衣服等の再利用の方法についても触れること。	・カ：「伝統的な衣服である和服について触れること」が新たに加わった。 ・キ：「衣服等の再利用の方法」という資源や環境に配慮する視点が新たに加わった。現行(3)のウ「補修の技術を生かしてできる製作品を扱うこと」は削除された。
イ (2)のアについては, 簡単な図などによる住空間の構想を扱うこと。	ク (6)のアについては, 簡単な図などによる住空間の構想を扱うこと。また, ア及びイについては, 内容の「A家族・家庭生活」の(2)及び(3)との関連を図ること。さらに, アの(イ)及びイについては, 自然災害に備えた住空間の整え方についても扱うこと。	・ク：「A家族・家庭生活」の(2)(3)との関連及び自然災害に備えた住空間の整え方については新たな扱いとして示されている。
(4)内容の「D身近な消費生活と環境」については, 次のとおり取り扱うものとする。 ア 内容の「A家族・家庭と子どもの成長」, 「B	(4)内容の「C消費生活・環境」については, 次のとおり取り扱うものとする。 ア (1)及び(2)については, 内容の「A家族・	・ア：「内容A」「内容B」の学習内容と関連

現　行	改定後	備　考
食生活と自立」又は「C衣生活・住生活と自立」の学習との関連を図り,実践的に学習できるようにすること。 　イ　(1)については,中学生の身近な消費行動と関連させて扱うこと。	家庭生活」又は「B衣食住の生活」の学習との関連を図り,実践的に学習できるようにすること。 　イ　(1)については,<u>中学生の身近な消費行動と関連を図った物資・サービスや消費者被害を扱うこと。アの(ア)については,クレジットなどの三者間契約についても扱うこと。</u>	を図り,実践的に取り扱うことが求められている。 ・イ：消費者被害は一般的なものではなく,生徒にとって身近な消費行動との関連を図ることが求められている。 ア(ア)についてはクレジットの三者間契約が新たな扱いとして示されている。
第3 指導計画の作成と内容の取扱い **1 指導計画の作成に当たっては,次の事項に配慮するものとする。** (新設)	**第3 指導計画の作成と内容の取扱い** **1 指導計画の作成に当たっては,次の事項に配慮するものとする。** <u>(1)題材など内容や時間のまとまりを見通して,その中で育む資質・能力の育成に向けて,生徒の主体的・対話的で深い学びの実現を図るようにすること。その際,生活の営みに係る見方・考え方や技術の見方・考え方を働かせ,知識を相互に関連付けてより深く理解するとともに,生活や社会の中から問題を見いだして解決策を構想し,実践を評価・改善して,新たな課題の解決に向かう学習の過程を重視すること。</u>	
(1)技術分野及び家庭分野の授業時数については,3学年間を見通した全体的な指導計画に基づき,いずれかの分野に偏ることなく配当して履修させること。その際,家庭分野の内容の「A家族・家庭と子どもの成長」の(3)のエ,「B食生活と自立」の(3)のウ及び「C衣生活・住生活と自立」の(3)のイについては,これら3事項のうち1又は2事項を選択して履修させること。	(2)技術分野及び家庭分野の授業時数については,3学年間を見通した全体的な指導計画に基づき,いずれかの分野に偏ることなく配当して履修させること。その際,<u>各学年において,技術分野及び家庭分野のいずれも履修させること。</u> 　家庭分野の内容の<u>「A家族・家庭生活」の(4),「B衣食住の生活」の(7)及び「C消費生活・環境」の(3)については,これら三項目のうち,一以上を選択し履修させること。その際,他の内容と関連を図り,実践的な活動を家庭や地域などで行うことができるよう配慮すること。</u>	
(2)技術分野の内容の「A材料と加工に関する技術」から「D情報に関する技術」並びに家庭分野の内容の「A家族・家庭と子どもの成長」から「D身近な消費生活と環境」の各項目に配当する授業時数及び履修学年については,地域,学校及び生徒の実態等に応じて,各学校において適切に定めること。その際,技術分野の内容の「A材料と加工に関する技術」の(1)及び家庭分野の内容の「A家族・家庭と子どもの成長」の(1)については,それぞれ小学校図画工作科,家庭科などの学習を踏まえ,中学校における学習の見通しを立てさせるために,第1学年の最初に履修させること。	(3)技術分野の内容の「A材料と加工の技術」から「D情報の技術」まで,及び家庭分野の内容の「A家族・家庭生活」から「C消費生活・環境」までの各項目に配当する授業時数及び各項目の履修学年については,生徒や学校,地域の実態等に応じて,各学校において適切に定めること。その際,家庭分野の内容の「A家族・家庭生活」(1)については,小学校家庭科の学習を踏まえ,中学校における学習の見通しを立てさせるために,第1学年の最初に履修させること。	
(3)各項目及び各項目に示す事項については,相互に有機的な関連を図り,総合的に展開されるよう適切な題材を設定して計画を作成すること。その際,小学校における学習を踏まえ,他教科等との関連を明確にして,系統的・発展的に指導ができるよう配慮すること。	(4)各項目及び各項目に示す事項については,相互に有機的な関連を図り,総合的に展開されるよう適切な題材を設定して計画を作成すること。その際,<u>生徒や学校,地域の実態を的確に捉え,指導の効果を高めるようにすること。</u>また,小学校における学習を踏まえるとともに,<u>高等学校における学習を見据え,他教科等との関連を明確にして系統的・発展的に指導ができるようにすること。さらに,持続可能な開発のための教育を推進する視点から他教科等との連携も図ること。</u> <u>(5)障害のある生徒などについては,学習活動を</u>	・生徒や学校,地域の実態を的確に捉えることが求められている。 ・他教科との関連の明確化と,高等学校の学習との系統的・発展的指導が求められている。 ・障害のある生徒についての指導内容や

19

学習指導要領　新旧対照表

現　行	改定後	備　考
（新設）	行う場合に生じる困難さに応じた指導内容や 指導方法の工夫を計画的, 組織的に行うこと。	指導方法の工夫が求められている。
(4)第1章総則の第1の2及び第3章道徳の第1に示す道徳教育の目標に基づき, 道徳の時間などとの関連を考慮しながら, 第3章道徳の第2に示す内容について, 技術・家庭科の特質に応じて適切な指導をすること。	(6)第1章総則の第1の2の(2)に示す道徳教育の目標に基づき, 道徳科などとの関連を考慮しながら, 第3章特別の教科道徳の第2に示す内容について, 技術・家庭科の特質に応じて適切な指導をすること。	
2 各分野の内容の取扱いについては, 次の事項に配慮するものとする。	2 第2の内容の取扱いについては, 次の事項に配慮するものとする。	
4 各分野の指導については, 衣食住やものづくりなどに関する実習等の結果を整理し考察する学習活動や, 生活における課題を解決するために言葉や図表, 概念などを用いて考えたり, 説明したりするなどの学習活動が充実するよう配慮するものとする。 （新設）	(1)指導に当たっては, 衣食住やものづくりなどに関する実習等の結果を整理し考察する学習活動や, 生活や社会における課題を解決するために言葉や図表, 概念などを用いて考えたり, 説明したりするなどの学習活動の充実を図ること。	
（新設）	(2)指導に当たっては, コンピュータや情報通信ネットワークを積極的に活用して, 実習等における情報の収集・整理や, 実践結果の発表などを行うことができるように工夫すること。	・コンピュータ等を活用した学習活動の充実が求められている。
(1)基礎的・基本的な知識及び技術を習得し, 基本的な概念などの理解を深めるとともに, 仕事の楽しさや完成の喜びを体得させるよう, 実践的・体験的な学習活動を充実すること。	(3)基礎的・基本的な知識及び技能を習得し, 基本的な概念などの理解を深めるとともに, 仕事の楽しさや完成の喜びを体得させるよう, 実践的・体験的な活動を充実すること。また, 生徒のキャリア発達を踏まえて学習内容と将来の職業の選択や生き方との関わりについても扱うこと。	・キャリア教育を踏まえた学習内容と将来の職業選択や生き方との関わりについて扱うことを明記。
（新設）	(4)資質・能力の育成を図り, 一人一人の個性を生かし伸ばすよう, 生徒の興味・関心を踏まえた学習課題の設定, 技能の習得状況に応じた少人数指導や教材・教具の工夫など個に応じた指導の充実に努めること。	・生徒の特性や生活体験, 技能の習得状況に応じた指導や教材・教具の工夫など個に応じた指導の充実が促されている。
(2)生徒が学習した知識及び技術を生活に活用できるよう, 問題解決的な学習を充実するとともに, 家庭や地域社会との連携を図るようにすること。	(5)生徒が, 学習した知識及び技能を生活に活用したり, 生活や社会の変化に対応したりすることができるよう, 生活や社会の中から問題を見いだして課題を設定し解決する学習活動を充実するとともに, 家庭や地域社会, 企業などとの連携を図るよう配慮すること。	・生活や社会の中から問題を見出して課題を設定し, 解決する学習活動の充実が求められるとともに, 企業との連携を図る配慮などが追記。
3 実習の指導に当たっては, 施設・設備の安全管理に配慮し, 学習環境を整備するとともに, 火気, 用具, 材料などの取扱いに注意して事故防止の指導を徹底し, 安全と衛生に十分留意するものとする。	3 実習の指導に当たっては, 施設・設備の安全管理に配慮し, 学習環境を整備するとともに, 火気, 用具, 材料などの取扱いに注意して事故防止の指導を徹底し, 安全と衛生に十分留意するものとする。 その際, 技術分野においては, 正しい機器の操作や作業環境の整備等について指導するとともに, 適切な服装や防護眼鏡・防塵マスクの着用, 作業後の手洗いの実施等による安全の確保に努めることとする。 家庭分野においては, 幼児や高齢者と関わるなど校外での学習について, 事故の防止策及び事故発生時の対応策等を綿密に計画するとともに, 相手に対する配慮にも十分留意するものとする。また, 調理実習については, 食物アレルギーにも配慮するものとする。	・幼児や高齢者と関わる学習での事故の防止策及び事故発生時の対応策等の計画や配慮への留意が求められている。 ・「調理実習については, 食物アレルギーにも配慮するものとする」と明記。

20

新学習指導要領を読み解く

第 2 部
The second

1 自分の成長と家族・家庭生活

○ キーワード

(ア) **❶自分の成長と家族や家庭生活との関わり**が分かり，**❷家族・家庭の基本的な機能**について理解するとともに，**❸家族や地域の人々と協力・協働して家庭生活を営む必要があること**に気付くこと。

≫ 成長の振り返り
≫ 家族・家庭の基本的な機能
≫ 協力・協働

A 1 (ア)　学習指導要領を ハヤヨミ

❶自分の成長と家族や家庭生活との関わり

　自分の成長と家族や家庭生活との関わりについては，中学生の自分がこれまで成長してきた過程を振り返り，自分の成長や生活には，家族や家庭生活に支えらえてきたことを理解できるようにします。

❷家族・家庭の基本的な機能

　家族・家庭の基本的な機能については，子供を育てる機能，心の安らぎを得るなどの精神的な機能，衣食住などの生活を営む機能，収入を得るなどの経済的機能，生活文化を継承する機能などを理解できるようにします。その際，中学生までの自分の成長も，現在の生活も家族・家庭の基本的な機能が果たされることによって支えられていることが分かり，家族・家庭の重要性について理解できるようにします。これらの学習を通して，家庭は家族の生活の場であり，家族との関わりの中で衣食住や安全，保護，愛情などの基本的な要求を充足し，心の安定や安らぎを得ていることなどに気付くようにします。

❸家族や地域の人々と協力・協働して家庭生活を営む必要があること

　家族や地域の人々と協力・協働して家庭生活を営む必要があることについては，家族や地域の人々が互いに助け合い，連携することにより，健康・快適・安全で環境に配慮した家庭生活が営まれることが分かり，家族や地域の人々と協力・協働する必要があることに気付くようにします。

　なお，ここで言う協働するということは，中学生の自分と地域の人々が共に力を合わせて主体的に物事に取り組むことを意味しています。

この事項に新たに加わった内容はありますか？

よくわかる解説

家庭分野のガイダンスとして扱うとともに，家族・家庭生活の学習の導入としても扱います。また，今回の改訂では，A（1）において，家族・家庭の基本的な機能を扱い，家族や地域の人々との協力・協働に関する内容が新設されています。

自分の成長を振り返る学習では，小学校家庭科の学習を踏まえ，家族・家庭の基本的な機能を取り上げながら，家族や家庭生活との関わりについて理解していきます。その際，家族・家庭の基本的な機能が果たされることがよりよい生活を営むために大切であることに気付くことができるようにしましょう。また，地域の行事や，清掃，防災訓練等の活動などの具体例を示すなどして，地域の人々と協力・協働する必要があることにも気付くことができるようにしましょう。

指導にあたっては

例えば，物語などを活用して，自分の成長とそれに関わってきた人々について振り返ったり，家族・家庭の基本的な機能について話し合ったりする活動などが考えられる。その際，生徒によって家族構成や家庭生活の状況が異なることから，各家庭や生徒のプライバシーに十分配慮する。

また，家族・家庭の基本的な機能については，「B衣食住の生活」や「C消費生活・環境」との関連を図り，効果的な学習となるよう配慮する。

考えられる実践

活動・題材例 1

●こんなに大きくなりました

「お母さんからの手紙」と題してある母親からの手紙を朗読する。赤ちゃんが授かった時の思いから，生まれてから12年間の嬉しかったことや辛かったこと，心配したこと（エピソードを踏まえて），さらにこれからどのように成長してほしいかなどの思いを知る。

そして家族・家庭の機能と照らし合わせながら自分の成長を確認し，家族・家庭生活に支えられてきたことに気付く。

活動・題材例 2

●わたしたちの家庭生活

これまでの家庭生活や小学校家庭科の学習を振り返る。家庭科を学習するにあたり大切な「見方・考え方」について知り，家庭の活動にはどんなものがあるかグループで話し合い，クラスで共有する。あげられたものを食生活，衣生活，住生活，消費生活・環境に関連することに分類し，これから学ぶことが家庭生活と密接に関わっていることに気付く。

A 家族・家庭生活

2 幼児の生活と家族

○ キーワード

㋐(ア) 次のような知識を身に付けること。
❶❷幼児の発達と生活の特徴が分かり, ❸子供が育つ環境としての家族の役割について理解すること。

≫ 幼児の発達
≫ 幼児の生活
≫ 子どもが育つ環境
≫ 家族の役割

A 2 ㋐(ア)　学習指導要領を ハヤヨミ

❶ 幼児の発達の特徴　　身体の発育や運動機能, 言語, 認知, 情緒, 社会性などの発達の概要について理解できるようにします。また, これらの発達の方向性や順序性とともに, 個人差があることを理解できるようにします。その際, 認知については, ものの捉え方について扱い, 幼児は自己中心的に物事を考えたり, 生命のないものにも命や意識があると捉えたりするなどの特徴があることを理解できるようにします。

❷ 幼児の生活の特徴　　幼児は遊びを中心とした1日を過ごしており, 昼寝をするなど全体の睡眠時間が長く, 3回の食事以外にも間食をとるなどの生活リズムをもっていることを理解できるようにします。

　　また, 食事, 睡眠, 排泄, 着脱衣, 清潔などの基本的な生活習慣については, 生活の自立の基礎となるので, 幼児の心身の発達に応じて, 親をはじめ周囲の大人が適切な時期と方法を考えて身に付けさせる必要があることを理解できるようにします。さらに, あいさつや安全のルールなど, 人との関わりや社会の決まりなどについても, 適切な時期と方法を考えて身に付けさせる必要があることにも触れるようにします。

❸ 子供が育つ環境としての家族の役割　　幼児の心身の発達を支え, 生活の自立に向けた生活習慣の形成を促すために, 幼児にふさわしい生活を整える役割があることを理解できるようにします。その際, 家庭生活の中で, 親やそれに代わる人が愛情をもって接し, 幼児との基本的な信頼関係を形成することが, その後の発達においても大切であることを理解できるようにします。また, 幼児期は, 基本的な信頼関係を基盤に, 主体的に周囲に関わる体験を通して, 心身の発達が促されることについても触れるようにします。

幼児の発達と生活のポイントは何ですか？

よくわかる解説

　幼児の発達では，一般的な方向性や順序性を捉えるとともに，個人差が大きいことを理解することがポイントです。今回の改訂で加わった「認知」の発達については，幼児は何も考えていないのではなく，幼児なりに考えたり判断していること，ただし自分を中心に物事を捉えるなど，大人とは異なる特徴をもっていることを扱います。
　家族の役割では，幼児との基本的な信頼関係の形成が，その後の発達においても重要であることを理解することがポイントです。この信頼関係を基盤に，幼児は周囲の環境に主体的に働きかけ，心身ともに発達していきます。また，生活の自立に向けた生活習慣の形成を促すために，幼児にふさわしい生活を整える役割の理解も大切です。

指導にあたっては

　身近な幼児と幼児に関わる人々の観察や視聴覚教材の活用，ロールプレイングなどの学習活動を通して具体的に扱うよう配慮する。例えば，幼稚園や保育所，認定こども園などでの幼児の観察を通して，幼児の発達と生活の特徴について話し合う活動などが考えられる。また，親子の観察などを通して，幼児は周囲の人に保護され見守られて育ち，適切な保護や関わりが子供の成長に必要であることに気付くよう配慮する。

A　家族・家庭生活

考えられる実践

活動・題材例 1　●幼児と周囲の人びとを観察しよう

幼稚園や保育所，認定こども園，家庭などで過ごしている幼児のVTRを見る。
幼児同士や親子がどのような会話をしているか，ワークシートにまとめる。

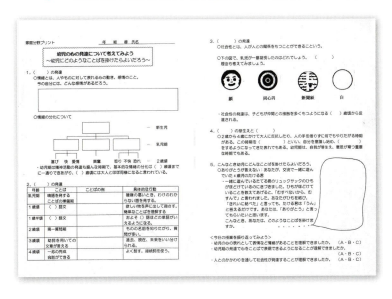

2 幼児の生活と家族

○ キーワード

㋐（イ） 次のような知識を身に付けること。
❶幼児にとっての遊びの意義や❷幼児
との関わり方について理解すること。

》 幼児の遊びの意義
》 幼児との関わり方
》 観察

A 2 ㋐（イ）　学習指導要領を ハヤヨミ

❶幼児にとっての 遊びの意義

　幼児にとって遊びは生活そのものであり，身体の発育や運動機能，言語，認知，情緒，社会性などの発達を促すことや，特に成長に応じて友達と関わりながら遊ぶことが大切であることを理解できるようにします。

　幼児の遊びについては，市販の玩具・遊具や絵本などを用いた遊び，自然の素材や身の回りのものを用いた遊び，言葉や身体を用いた遊びなど，様々な遊びがあることに気付くようにします。その際，例えば，絵本は言語や情緒の発達を促すなど，遊びの種類により促される発達が異なることを理解できるようにするとともに，安全な遊び道具についても触れるようにします。また，子供の成長にとっては，室内遊びだけでなく戸外での遊びも大切であることや，適切で十分な遊びを経験できる環境が重要であることを理解できるようにします。さらに，伝承遊びについても触れ，そのよさや日本の生活文化の継承にも関わることに気付くようにします。

❶幼児との関わり方

　幼児の発達や生活の特徴を踏まえ，幼児に応じた関わり方を考えることが大切であることを理解できるようにします。例えば，幼児と目の高さを合わせ，一人一人の話を丁寧に聞いたり，ゆっくりと分かりやすい言葉で話したりする必要があることなどを理解できるようにします。

　また，幼児によって発達や基本的生活習慣の習得の程度，遊びの種類や遊び方，友達や大人との関わり方などが異なるため，観察を通して，対象とする幼児について理解を深めることが大切であることにも気付くようにします。幼児を観察する際には，幼児の表情や行動をよく見ながら言葉を聞き取るなどして，何に興味をもち，楽しんでいるのかなど，幼児の思いを読み取ることが大切であることに気付くようにします。

　さらに，幼児と関わる際には，安全面や衛生面への配慮も必要であることを理解できるようにします。

よくわかる解説

　幼児の観察や一緒に遊ぶなどの体験的な活動を通して，幼児にとって遊びは，発達においても生活においても不可欠なものであることを理解できるようにすることがポイントです。遊びには様々な種類がありますが，遊びによって促される発達が異なることにも気付くようにします。

　幼児と関わったり，観察する際には，幼児の発達や生活の様子を踏まえ，幼児の立場に立って，一人ひとりに丁寧に関わり，見ていくことがポイントです。何に興味があるのか，どんなことを楽しんでいるのかなどに着目し，幼児について理解を深めることができるようにします。観察などが難しい場合には，視聴覚教材を利用したり，ロールプレイングをするなど，学習活動を工夫します。

指導にあたっては

　幼児を観察したり，一緒に遊んだりするなどの直接的な体験を通して，遊びの意義や幼児との関わり方について考えることができるよう配慮する。なお，幼児を実際に観察したり，触れ合ったりすることが難しい場合には，視聴覚教材を活用したり，ロールプレイングをしたりするなどの活動が考えられる。

A　家族・家庭生活

考えられる実践

活動・題材例 1

●絵本の読み聞かせをしよう

　事前に幼児の頃，好きだった本を思い出しておく。グループになり，好きだった本について，どんなところが好きだったか，文章の一節や絵などについて発表したり，現在，幼稚園や保育所で好まれている本やおもちゃなどについても調べる。幼児が好むものや興味を示すものを理解し，幼児の発達段階をふまえ，どのようなものがふさわしいか考える。実際に選んだ本を触れ合い体験などで幼児に読み聞かせをしたり，直接的な体験が難しい場合は，グループに分かれて読み合いをする。

活動・題材例 2

●遊びを思い出そう

　VTRで幼児の遊んでいるシーンを見たり，近くに公園等幼児の遊び場があれば，実際に見に行く。また，子どもの頃に遊んだ遊びを思い出し，身体の発達などとの関わりを理解する。

　もし，可能ならば近くの幼稚園や保育所などの幼児と，小さい頃に遊んだ遊びを一緒に行う。

例：しゃぼん玉遊び，なわとび，ボール遊び，ぬりえ，あやとり，かごめかごめ

2 幼児の生活と家族

イ 幼児とのよりよい関わり方について考え，工夫すること。

○ キーワード
- 幼児とのよりよい関わり方
- 直接的な体験

A 2 イ 学習指導要領をハヤヨミ

ここでは，幼児と触れ合う活動における幼児との関わり方についての課題を解決するために，アで身に付けた基礎的・基本的な知識を活用し，よりよい関わり方を考え，工夫することができるようにします。

課題については，幼児の心身の発達などを踏まえて，幼児との関わり方についての問題を見いだし，設定するようにします。

課題を解決するための方法については，幼児を観察したり，遊んだりするなどの直接的な体験などを通して，幼児の発達の状況や生活の様子，興味・関心に応じた関わり方を検討できるようにします。その際，既習事項や自分の生活経験と関連付けて考え，適切な解決方法を選び，実践に向けて具体的に計画を立てることができるようにします。

実践の評価・改善については，計画どおりに実践できたかどうかなどを振り返って評価し，実践発表会などを通して，改善方法について考えることができるようにします。幼児と触れ合う活動の記録をまとめたり，理解が深まったことや考えたことなどを報告したりすることを通して評価し，どのように改善したらよいかを考えることができるようにします。

具体的にどのような関わり方をしたらよいでしょうか？

よくわかる解説

幼児との関わり方について，自分なりに課題を設定し，幼児を観察したり，一緒に遊んだりするなど，実際に幼児と触れ合う活動を通して，課題を解決できるようにします。地域の保育施設などと連携し，可能な限り直接的な体験ができるようにすることがポイントです。アでの学習を活かし，幼児の発達や興味・関心に即した遊びや声かけをするなど，幼児との関わり方の工夫ができるようにします。また生徒自身も，幼児と触れ合う楽しさやよさを実感できるようにします。活動例としては，幼児が普段遊んでいる遊び道具や体を使って一緒に遊んだり，生徒が子どもの頃読んだ絵本を読み聞かせたりする中で，幼児との関わり方を工夫する活動が考えられます。

指導にあたっては

　　　幼児と触れ合う活動については, 地域の幼稚園, 保育所, 認定こども園などと連携しながら, 効果的に実施できるように工夫するとともに, 幼児及び生徒の安全に配慮することが大切である。事前の打ち合わせを十分に行い, 対象とする幼児の発達や興味などを把握して活動の計画を立てるようにし, 体験後に記録をまとめたり, 話し合ったりして振り返りを十分行うようにする。また, 地域の実態に応じて, 子育て支援などの関係機関や子育てサークルの親子などとの触れ合いや, 教室に幼児を招いての触れ合いを工夫するなど, 可能な限り直接的な体験ができるよう留意する。さらに, 幼児と触れ合うことの楽しさやよさを実感できるよう配慮する。

　　　例えば, 幼稚園, 保育所, 認定こども園などで, 幼児が遊んでいる遊び道具や身体を使って一緒に遊んだり, 絵本を読んだりする中で, 幼児との関わり方を工夫する活動などが考えられる。

A

家族・家庭生活

考えられる実践

⑦を活用　触れ合い体験で幼児との関わり方を考えよう

課題設定
- ①触れ合い体験を行う保育所などのVTRや写真, これまでの記録, 体験談などを見て, 幼児との触れ合い活動の様子を理解する。
- ②グループごとに体験時に入るクラスを振り分け, 幼児の発達段階に合った遊びを通して, 幼児とのよりよい関わりを考える。

　課題：遊びを通して, 幼児との関わりを考える。

計画（実践）
- ①これまでに学習した幼児の心身の発達や生活の特徴から, 入るクラスの幼児(の年齢)に合った遊びを考える。
- ②グループで実際に遊びを行い, 幼児と遊ぶときの注意点や配慮することをまとめる。
- ③触れ合い体験で幼児と遊びを通して関わる。

評価・改善
- ①幼児と遊んだときの幼児の反応や発言を書き出す。
- ②幼児の反応や発言をグループで共有し, 振り返りを行う。
- ③幼児の姿をふまえて, 幼児とのよりよい関わり方を考え, グループでポスターや壁新聞などにまとめる。

資料 ふれ合い体験実施に向けて

● 行政・訪問先への体験学習お願いの例

子育て支援部保育課様

平成　年　月　日
○○○○○○中学校
校長　□□□　□□

体験学習（保育園実習）のお願い

秋分が過ぎ、ようやく涼しくなってまいりました。貴園におかれましては、皆様お健やかにお過ごしのことと拝察いたします。
　さて中学校技術・家庭科（家庭分野）の学習「家族・家庭と子どもの成長」では、次のような計画で授業を進めています。その学習の流れの中で、乳幼児の心身の発達・成長を知り、人と人との関わりの大切さを学ぶ機会として、体験学習を計画いたしました。
　核家族化がすすみ、子どもの数も少なくなり、日ごろは乳幼児と接することのない生徒が大変多いのが現状です。今回の体験学習（保育園実習）を、乳幼児の生活を知り、乳幼児とふれ合い、保育の大切さを学ぶ場としたいと思っています。
　主題・趣旨をご理解いただき、御協力をお願い申し上げます。

```
　　　　技術・家庭科（家庭分野）　「家族と家庭生活」
1　主題「私たちの成長と家族」　　　（計12時間）
2　学習の流れ
　①人間の一生　　　　　　　　　　　　　　　・・・2時間
　　誕生と、心身の発達・成長を知る
　②乳幼児の成長と人と人とのかかわり　　　　・・・2時間
　　幼い頃をふり返る
　　家族や家庭に関心をもつ
　　人と人とのかかわりを知る
　　保育園・幼稚園を学ぶ
　③乳幼児を知る・乳幼児と遊ぶ　　　　　　　・・・5時間（体験学習）
　　乳幼児に関心をもち、生活を知る
　　乳幼児とふれ合い、遊ぶ（遊びとおもちゃ）
　④幼児と環境　　　　　　　　　　　　　　　・・・3時間
　　家庭環境と社会環境について学ぶ
　　環境と乳幼児の心身の発達のかかわりを知る
```

子育て支援部保育課様

平成　年　月　日
○○○○○○中学校
校長　□□□　□□

体験学習（保育園実習）のお願い

秋分が過ぎ、ようやく涼しくなってまいりました。貴園におかれましては、皆様お健やかにお過ごしのことと拝察いたします。
　さて中学校技術・家庭科（家庭分野）の学習「家族・家庭と子どもの成長」では、次のような計画で授業を進めています。その学習の流れの中で、乳幼児の心身の発達・成長を知り、人と人との関わりの大切さを学ぶ機会として、体験学習を計画いたしました。
　核家族化がすすみ、子どもの数も少なくなり、日ごろは乳幼児と接することのない生徒が大変多いのが現状です。今回の体験学習（保育園実習）を、乳幼児の生活を知り、乳幼児とふれ合い、保育の大切さを学ぶ場にしたいと思っています。
　主題・趣旨をご理解いただき、御協力をお願い申し上げます。

```
　　　　技術・家庭科（家庭分野）　「家族と家庭生活」
1　主題「私たちの成長と家族」　　　（計12時間）
2　学習の流れ
　①人間の一生　　　　　　　　　　　　　　　・・・2時間
　　誕生と、心身の発達・成長を知る
　②乳幼児の成長と人と人とのかかわり　　　　・・・2時間
　　幼い頃をふり返る
　　家族や家庭に関心をもつ
　　人と人とのかかわりを知る
　　保育園・幼稚園を学ぶ
　③乳幼児を知る・乳幼児と遊ぶ　　　　　　　・・・5時間（体験学習）
　　乳幼児に関心をもち、生活を知る
　　乳幼児とふれ合い、遊ぶ（遊びとおもちゃ）
　④幼児と環境　　　　　　　　　　　　　　　・・・3時間
　　家庭環境と社会環境について学ぶ
　　環境と乳幼児の心身の発達のかかわりを知る
```

● 体験学習の要項の例

```
　　　　　　　　　　記
1　月日　平成　年　月　日（月）～　日（木）園によって日数が異なる
2　時間　14時00分～17時00分　園によって時間が異なる
　　　　　学校を13時30～40分頃に出発
　　　　　各園で実習終了後は帰宅
3　生徒　　立　中学校　年生　名　（1人2日体験の予定）
4　人数　各組5～8人ずつ実習（予定）
5　実習先　保育園　7園
```

保育園	住所・電話番号	中学生の受け入れ
① 保育園		6名×2回×4日 （2日連続で）　のべ48人
② 保育園		6名×9日 のべ54人

体験学習（保育園実習）実施要項

```
1　教科　　技術・家庭科（家庭分野）　「家族と家庭生活」
2　主題　　私たちの成長と家族
3　学習課題　乳幼児を知る・乳幼児と遊ぶ
　　　　　　・乳幼児に関心をもち、その生活を学ぶ
　　　　　　・乳幼児とふれあい、遊ぶ
4　日時　平成　年　月　日（月）～　日（木）このうち受け入れ可能な日
5　当日の時程　13:30　被服室集合・持ち物の確認・準備
　　　　　　　　13:40　中学校出発
　　　　　　　　14:00～17:00　実習（園により実習時間は異なる）
　　　　　　　　17:00　実習終了・あいさつ・保育園出発・帰宅
6　服装　　体育着　ジャージ　エプロン
　　　　　　（幼児とふれ合い、一緒に遊ぶのにふさわしい服装）
7　持ち物　上履き・名札・タオル・ハンカチ・学習教材一式　制服
8　体験先　保育園7園　（各園で各6～8人が実習します）
```

保育園	住所・TEL	最寄り駅	園児定員	受け入れ期間	経営主体
① 保育園		駅 徒歩　分	人	生後57日～ 小学校入学	立保育園

```
　　　　　　立　中学校　年　組　番　氏名
9　体験学習のポイント
・園児は、どのような生活をしているか。（遊び、生活習慣、友達関係）
・園の環境はどうか。（施設設備、掲示物、飾りもの、おもちゃ他）
　　保育室・園庭は、どのようになっているか。
　　保育室・園庭には、どのようなものがあるか。
　　どのような工夫がされているか。
・先生方は、園児にどのように配慮し、行動や声をかけているか。
10　体験学習の心得
・相手の目を見てハッキリとあいさつ、返事をする。
・先生方の話しをきちんと聞く。
・分からないことがあったら機会を見て（TPOを考えて）質問する。
・服装、身だしなみをととのえる。室内は暖かいのでジャージを脱ぐ。
　　（体操着　ジャージ　頭髪　ツメ）
・中学生同士でかたまらないようにする。
　　（別々のクラスを受け持つことになります。一人ひとりがしっかり行動すること。）
・中学生同士の私語は慎み、言動に気を付ける。
・園児の名前は呼び捨てにせず　　　さん　　　くん　という。
・積極的に園児と関わり、安全に気を配りながら全身で遊ぶ。
・園には平等に接する。
・常に園児に関心をもち、自発的に実習する。言われる前に動く。
11　体験学習当日の注意事項
・保育園実習にふさわしい動きやすい服装、靴にする。
　　（体育着　ジャージ　上履き　運動靴）
・頭髪がじゃまにならないように、長い人はゴムで結ぶ。
・ツメは短く切る。
・園に着いたら、担当の先生にあいさつし、指示を受け、受け持ちクラスで実習する。
・体調が悪いときは、無理をしない。
　　（風邪をひいている人は、園児にうつすと迷惑をかける。）
・行き帰りの交通安全をこころがける。
☆しっかり学ぶ
・お昼寝から起きた園児に、自分から声をかける。
・全身で学ぶ。体操やお遊戯等も一緒にやる。
・保育室や園庭の整理整頓、おもちゃの片づけ等をする。
☆私が体験するのは　　（保育園名・住所・電話番号・担当クラス年齢）
```

● 体験前

体　験　学　習　（保育園実習）

年　組　氏名

★ 幼児の生活を知り、楽しく遊ぶ
★ 幼児の心身の発育・発達を学ぶ
★ 部屋の掲示物や飾り、遊び道具などを観察する
★ 先生方の乳幼児への声かけ、動き、接し方をしっかり見て学ぶ

実習日	① 月 日（ ）	② 月 日（ ）
保育園名		
住所・TEL		
保育園の規模	園児数　0歳児‥　　人 1歳児‥　　人 2歳児‥　　人 3歳児‥　　人 4歳児‥　　人 5歳児‥　　人	部屋の種類
私が思う乳幼児とは？イメージ	①	②
	③	④
私の思い出 私の小さい頃	好きだった食べもの	
	好きだった遊び・おもちゃ	
	どんな子どもだったか	
	保育園・幼稚園・小学校時代にお世話になった先生	
私の体験学習の課題 学んでくること	①	
	②	
	③	

● 体験後

体　験　学　習　（保育園実習）

年　組　氏名

保育園名			
保育園の規模 園児人数		担当した年齢	
園の設備 何があったか	①		
	②		
	③		

自己評価　（　◎：大変よい　　○：よい　　△：今一歩　）

	◎	○	△
①先生方、担当の方の話はきちんと聞けたか	◎	○	△
②目上の方に対するマナーは適切であったか	◎	○	△
③服装、身だしなみを整えることができたか	◎	○	△
④正しい言葉づかいで話すことができたか	◎	○	△
⑤積極的に園児と接することができたか	◎	○	△
⑥一緒に楽しく遊べたか、動けたか	◎	○	△
⑦安全に気を配ることができたか	◎	○	△
⑧接し方（手をつなぐ、声かけ）は適切であったか	◎	○	△
⑨園児の年齢や成長段階にあった遊びができたか	◎	○	△
⑩目の高さで（ひざをついて）接することができたか	◎	○	△
⑪あいさつ、お礼がきちんとできたか	◎	○	△
⑫速く歩き、速く園についたか	◎	○	△

体験学習を振り返って	

● 評価

体験学習の評価

保育園名

月　日　　　　　　　月　　日　（　）

氏　名

①時間（園に着いた時間）	5	4	3	2	1
②はじめのあいさつ	5	4	3	2	1
③話を聞く態度	5	4	3	2	1
④園児との関わりや態度	5	4	3	2	1
⑤おもちゃや遊具の取り扱い	5	4	3	2	1
⑥終わりのあいさつ	5	4	3	2	1
⑦総合評価	5	4	3	2	1

● 受け入れ先への御礼の例

各○○子育て支援部保育課課長様
保育園長様

平成　年　月　日

立　中学校　校長

年の瀬を迎え、皆様お忙しくお過ごしのことと存じます。

先日は本校三年生の体験学習を快くお引き受けいただき、ありがとうございました。生徒は一人ひとりが体験学習での課題を持って臨んだ体験学習です。園長先生をはじめ保育士の皆様方からの説明や適切なアドバイス、園児とのふれ合いの機会など多くのことがかかわる仕事です。知識だけにとどまり、家庭科の授業や身体の発育、言葉や基本的生活習慣などを学ぶことが多かったようで、改めて感じています。今回の体験が技術・家庭科の学習のみにとどまることなく、幅広く豊かな人間性の育成に結びつくものと思っています。

まだまだ乳幼児の成長・発育にかかわる仕事の体験は現場・発育の体験にかなわないと、直接お目にかかり、実感が無く、きちんと理解できないままで終わりました。

れ、直接お礼を申し上げるところですが、公務に追われ思うように時間がなく失礼することをどうぞお許し下さい。本当にありがとうございました。

3 家族

○ キーワード

㋐(ア) 次のような知識を身に付けること。
  ❶家族の互いの立場や役割が分かり，
  ❷協力することによって家族関係をよりよくできることについて理解すること。

≫ 家族の立場や役割
≫ よりよい家族関係
≫ 家族の一員として協力できること

A 3 ㋐(ア) 学習指導要領をハヤヨミ

❶ 家族の互いの立場や役割

家族の互いの立場や役割については，自分自身を含め家族にはそれぞれの立場や役割があることを理解できるようにします。

❷ 協力することによって家族関係をよりよくできること

協力することによって家族関係をよりよくできることについては，家族一人ひとりが，互いの立場や役割の違いを踏まえて協力することで家族関係がよりよくなることを理解できるようにします。また，家族の一員として家族関係をよりよくするために協力できることがあることに気付くようにします。その際，これからの自分の生活に関心をもち，将来の家庭生活や家族との関わりに期待をもてるようにします。

家族については，生徒一人ひとりのプライバシーを守りながら授業を進めたいと思っていますが，どのように指導すればよいでしょうか？

よくわかる解説

ここでは，家族には立場や役割があることを理解させ，家族関係をよりよくするために協力できることがあるということに気付かせます。A（1）で取り上げられている家族・家庭の機能と関連を図りながら，互いの立場や役割についての理解を深めていきましょう。

家族関係をよりよくすることは，心身ともに健康でよりよい生活を送るための大切なポイントの1つでもあります。プライバシーに配慮し，具体的な場面の事例などを取り上げて，協力の視点から，その場面を見直したり話し合ったりすることで，家族関係をよりよくするために協力できることがあることに気付かせ，イの学習に結び付けていきましょう。

指導にあたっては

例えば、物語などを活用したり、ロールプレイングをしたりして、様々な場面での家族とのコミュニケーションを取り上げ、協力することの大切さについて話し合うなどの活動が考えられる。その際、生徒によって家族構成や家庭生活の状況が異なることから、各家庭や生徒のプライバシーに十分配慮する。

考えられる実践

活動・題材例 1

● 物語やアニメから様々な形を知ろう

家族形態は様々ですが、子どもたちは、「両親と子ども」、「祖父母と両親と子ども」など、家族に対して固定化されたイメージを持っていることが多い。そのため、身近な物語やアニメなどから様々な形の家族があることを知り、いろいろな暮らしを学び、「家族」や「家庭」を広い視野で捉える。

三世代の家族もあれば、お父さんのいない家族もある。いろいろだね。

活動・題材例 2

● 家族ロールプレイングをしよう

反抗期という時期やプライバシーといった点から、家族関係についての学習は難しい。客観的に見つめることができるように、模擬家族をそれぞれのグループでつくり、ロールプレイングを通して家族関係について学び、考えを深める。

> ▼模擬家族▼
> ・父・母・祖父・祖母・姉・兄・弟・妹・中学生（男子か女子）
> 　のカードをつくっておき、カードを引いて家族構成を決める。
> ▼内容▼
> お母さんが、けがをして入院することになった。
> 今までやっていた家事は、どうするのか。
> 幼い妹（弟）の幼稚園のお弁当や高校生の兄（姉）のお弁当は、誰がつくるのか。
> 病院への着替えを持っていかなくてはならない。

※場面設定だけで行う場合とあらかじめセリフを決めて行う場合がある。ねらいによってどちらかにするかを考えるとよい。あらかじめセリフが決まっている方がねらいが絞りやすくなる。

A 家族・家庭生活

3 家族・家庭や地域との関わり

○ キーワード

(ア)(イ) 次のような知識を身に付けること。
❶家庭生活は地域との相互の関わりで成り立っていることが分かり、❷高齢者など地域の人々と協働する必要があることや❸介護など高齢者との関わり方について理解すること

≫ 地域の人々との協働
≫ 高齢者の身体的特徴
≫ 高齢者との関わり方

A 3 (ア)(イ) 学習指導要領をハヤヨミ

❶ 家庭生活は地域との相互の関わりで成り立っていること

　家庭生活は地域との相互の関わりで成り立っていることについては，例えば，地域の祭りなどの行事や，清掃，防災訓練等の活動によって，家庭生活が支えられていることや，自分や家族もそれらに関わることで地域を支えていることが分かるようにします。

❷ 高齢者など地域の人々と協働する必要があること

　高齢者など地域の人々と協働する必要があることについては，中学生の自分は支えられるだけではなく，家族や地域の一員として支える側になることができることが分かり，地域での決まりを守ったり，仕事を分担したりするなど，進んで協働することが必要であることを理解できるようにします。

❸ 介護など高齢者との関わり方

　介護など高齢者との関わり方については，視力や聴力，筋力の低下など中学生とは異なる高齢者の身体の特徴が分かり，それらを踏まえて関わる必要があることを理解できるようにします。また，介護については，家庭や地域で高齢者と関わり協働するために必要な学習内容として，立ち上がりや歩行などの介助の方法について扱い，理解できるようにします。この学習は，高等学校家庭科における高齢者の介護に関する学習につなげるようにします。

よくわかる解説

　今回の改訂では，少子高齢社会の進展に対応して，家庭生活と地域との関わりの中で，高齢者に関する内容が新設されています。家庭生活と地域との相互の関わりが生活をよりよくすることに加え，高齢者などの地域の人々と，自ら進んで協働していくことで支える側になることができることにも気付かせながら理解を深めていきましょう。
　高齢者との関わり方では，中学生とは違う高齢者の一般的な身体の特徴を理解させながら，それらを踏まえた関わり方についても学習していきます。介護については，立ち上がりや歩行などの基礎的な介助の方法を取り上げ，体験的な活動を通して理解できるようにしましょう。

指導にあたっては

　地域の行事や活動などを取り上げ，家庭生活と地域との関わりについて振り返ることができるよう配慮する。例えば，高齢者など地域の人々にインタビューして家庭生活と地域との関わりについて調べたり，自分が地域の人々とともにできることについて話し合ったりするなどの活動が考えられる。

　また，高齢者との関わり方については，介護の基礎に関する体験的な活動を通して，実感を伴って理解できるよう配慮する。例えば，生徒がペアを組み，立ち上がりや歩行などの介助を体験し，介助する側とされる側の気持ちや必要な配慮について話し合うなどの活動が考えられる。また，高齢者の介護の専門家などから介助の仕方について話を聞くなどの活動も考えられる。さらに，他教科等の学習における体験と関連付けることも考えられる。

　なお，地域の状況を十分に把握した上で，地域の人々の理解と協力を得て，適切な学習活動を行うようにする。また，地域の人々のプライバシーにも十分配慮する。

A

家族・家庭生活

考えられる実践

活動・題材例 1

●地域で活躍している高齢者の方を紹介しよう

　家庭は地域の中で様々な人と関わりで成り立っている。しかし，中学生がそれを身近に感じることは少ない。そこで改めて自分の地域に目を向け，地域で活躍している高齢者の方などを探し，クラスのみんなに知らせるという活動を通して，高齢者の方などが地域を支えていることを実感する。

　①どこで探すかを話し合う（身近な人や，父母や祖父母でもよい）。

　②地域での関わり方の内容（地域のスポーツチームのコーチ，習い事の先生，町会の役員，地域史の研究家など）。

※紹介する方については，紹介する内容の確認と了承を得るとともに，プライバシーには，くれぐれも配慮する。

活動・題材例 2

●日常生活の介助を体験しよう

　二人組で介助する側とされる側に分かれ，介助される側は白内障用ゴーグルや左右違った足首の重りなどをつける。介助される側が立ち上がる際の介助方法について学び，実際に介助される側が座り，立ち上がる介助をもう一人が行う。このような体験から，介助する側とされる側の気持ちや必要な配慮について話し合う。

3 家族・家庭や地域との関わり

○ キーワード

(イ) ❶家族関係をよりよくする方法及び❷高齢者など地域の人々と関わり,協働する方法について考え,工夫すること。

》 家族関係をよりよくする方法
》 高齢者など地域の人々との関わり
》 協力・協働

A 3 (イ) 学習指導要領をハヤヨミ

ここでは,家族関係をよりよくする方法や,高齢者など地域の人々と関わり協働する方法についての課題を解決するために,アで身に付けた基礎的・基本的な知識を活用し,協力・協働などの視点から,家族や地域の人々との関わりについて考え,工夫することができるようにします。

❶家庭関係をよりよくする方法

家族関係をよりよくする方法については,中学生にとって身近な家族関係に関する問題を見いだし,課題を設定するようにします。解決方法については,生徒が各自の生活経験についての意見交換などを通して,どのようにすれば家族関係をよりよくすることができるかについて検討できるようにします。

❷高齢者など地域の人々と関わり,協働する方法

高齢者など地域の人々と関わり,協働する方法については,中学生の身近な地域の生活の中から,主に高齢者など地域の人々との関わりについての問題を見いだし,課題を設定するようにします。解決方法については,生徒が各自の生活経験についての意見交換などを通して,中学生の自分が,地域の一員として,どのようにすれば高齢者など地域の人々とよりよく関わり,協働することができるかについて検討できるようにします。

いずれの場合にも,既習事項や自分の生活経験と関連付けて考え,適切な解決方法を選び,実践に向けて具体的に計画を立てることができるようにします。

実践の評価・改善については,計画どおりに実践できたかどうかなどを振り返って評価し,実践発表会などを通して,改善方法について考えることができるようにします。

よくわかる 解説

ここでは,アで学習した家族との関わりや高齢者など地域の人々との関わりに関する基礎的・基本的な知識や技能を活用する学習を行います。協力・協働の視点から問題を見つけ,家族関係をよりよくする方法と高齢者などの地域の人々と協働する方法のそれぞれについて課題を設定し,それらの解決方法を考え,工夫することができるようにします。話し合いや発表の場を設けながら,課題解決へ向けて具体的な計画を立てること,実践を振り返り改善方法について考えることができるようにしていきましょう。

家族や地域の人々の関わりについて考え,工夫して実践する学習を通して,家族や地域の人々と関わる力の育成を目指しています。

指導にあたっては

　　生徒が協力・協働を視点として，家族関係や高齢者など地域の人々に関わる課題を設定し，その解決方法について話し合うことを通して，自分の考えを明確にしたり，他者と意見を共有して互いに深めたりできるよう配慮する。例えば，家族関係をよりよくする方法については，生徒に身近な事例を取り上げて課題を設定し，家族と協力する方法を検討する活動などが考えられる。また，高齢者など地域の人々と関わり協働する方法については，地域との連携を図り，地域の祭りなどの行事や，清掃，防災訓練等の活動を取り上げて，中学生の自分が，地域の人々と協働するための方法を検討する活動などが考えられる。その際，高齢者との適切な関わり方について，身体の特徴などを踏まえて話し合う活動なども考えられる。

　　なお，生徒のプライバシーや，家庭，地域の実態に十分配慮する。

　　この学習では，他教科等の学習における体験との関連を図るよう配慮する。

A

家族・家庭生活

考えられる実践

⑦ を活用　家庭や地域で人びとと関わり支え合おう

課題設定

①生活の中で，以下のような場面に出会ったら，どのような行動をとるか考える。
- 親が風邪をひいてしまい，夕食をつくるのが大変そう。
- 乳幼児を連れた人が階段を降りようとしているが，ベビーカーや荷物が重くて大変そう。
- 目の不自由な人がなれない駅で切符を買おうとしているが，困っている。
- 高齢者が今，自分がどこにいるのかわからなくなって困っている。
- 外国人家族が隣に引っ越してきた。地域のことがよくわからない。

> 課題：家庭や地域で人々とよりよく関わることを考える。

計画（実践）

①生活の中で家族や地域の人に助けられた体験があれば，どんな場面であったか，その時の気持ちなどを発表し，クラスで共有する。
②生活で起こりうる場面（課題設定①）に出会ったときの自分の行動をこれまでに学んだ家族や地域の人々と協力・協働することをふまえ，考え書き出す。

評価・改善

①グループで書き出したことを発表する。
②発表の内容を聞き，意見を出し合う。
③他の人からの意見を聞き，自分の行動の見直しを行う。

37

4 家族・家庭生活についての課題と実践

○ キーワード

㋐ ❶家族，幼児の生活又は地域の生活の中から問題を見いだして課題を設定し，その❷解決に向けてよりよい生活を考え，計画を立てて実践できること。

》 課題と設定
》 問題解決的な学習
》 家族，幼児や地域の生活

A 4 ㋐ 学習指導要領を ハヤヨミ

❶ 家族，幼児の生活又は地域の生活の中から問題を見いだして課題を設定

家族，幼児の生活又は地域の生活の中から問題を見いだして課題を設定しについては，(1)から(3)の項目それぞれの指導事項ア及びイで身に付けた知識などや，生活経験を基に問題を見いだし，生徒の興味・関心等に応じて「B衣食住の生活」や「C消費生活・環境」の内容と関連させて課題を設定できるようにします。

❷ (その)解決に向けてよりよい生活を考え，計画を立てて実践

その解決に向けてよりよい生活を考え，計画を立てて実践できることについては，設定した課題に関わり，これまでの学習で身に付けた知識及び技能などを活用して，計画を立てて家庭や地域などで実践できるようにします。

また，実践後は，課題解決に向けた一連の活動を振り返って評価し，更によりよい生活にするための新たな課題を見付け，次の実践につなげることができるようにします。

よくわかる 解説

A（1）「自分の成長と家族・家庭生活」，（2）「幼児の生活と家族」，（3）「家族・家庭や地域との関わり」で学習したことや生活経験をもとに，よりよい生活の実現に向けて，「B衣食住の生活」や「C消費生活・環境」で学習したこととも関連を図りながら，家族や幼児の生活，地域の生活に関する自分なりの課題が設定できるようにします。

課題の設定，課題解決へ向けた計画の作成，実践，評価，改善するという一連の学習活動を重視しながら，生徒が主体的に学習に取り組めるようにしましょう。

家族・家庭生活に関する課題と実践を通して，家族や地域の人々と協働し，よりよい生活の実現に向けて，生活を工夫し創造しようとする実践的な態度の育成を目指しています。

指導にあたっては

　生活を見直して課題を設定し，計画，実践，評価・改善という一連の学習活動を重視し，問題解決的な学習を進めるようにする。その際，計画をグループで発表し合ったり，実践発表会を設けたりするなどの活動を工夫して，効果的に実践できるようにする。また，家庭や地域社会との連携を図り，実践的な活動を行うことができるよう配慮するとともに，家庭や地域で実践する意義についても気付くことができるようにする。

　例えば，A(2)「幼児の生活と家族」とB(3)「日常食の調理と地域の食文化」との関連を図り，幼児のための間食を作ることを課題として設定したり，B(5)「生活を豊かにするための布を用いた製作」との関連を図り，幼児の遊び道具を製作することを課題として設定したりして，計画を立てて実践する活動などが考えられる。また，A(3)「家族・家庭や地域との関わり」とC(1)「金銭の管理と購入」との関連を図り，地域の行事等で中学生ができることを課題として設定し，必要な物の購入計画を立てて，実践する活動などが考えられる。

A　家族・家庭生活

考えられる実践

活動・題材例 1

●幼児と楽しむ手づくり布絵本

　幼児の心身の発達など，これまで学習してきたことを基に，幼児が楽しむことのできる布絵本の製作に取り組む。
　その際，幼児との交流のイメージを明確にもてるように，市販されている絵本について調べる。布絵本の製作をとおして，幼児の発達に応じた内容，適した材料や縫い方についても考える。

活動・題材例 2

●祖母のための食事づくり

　家族関係をよくするためにできることや，高齢者の身体の特徴など，これまでに学習してきたことをもとに，祖母のための食事の献立を立てて，食事をつくる。事前に祖母の希望や好みなどを調査し，取り組む。長期休業中は取り組みやすいので，休業明けの授業で実践報告会を行う。

本時の目標
- 幼児にとっての遊びの意義や幼児との関わり方について理解する。
- 幼児とのよりよい関わり方について考えることができる。

主な学習活動	指導上の留意点
● 幼児にとっての遊びの意義や,よりよい関わり方について学習することを伝える。	
1 遊びによって引き出される能力について考えよう。 ● 班ごとに遊びを体験し,どのような力を使っていたのか,上手く遊べるようにするために,お互いにどのようなことをしていたのかを出し合う。 〈班ごとの遊びの例〉 ・こま回し　・けん玉とだるま落とし ・輪投げ　　・ブロック ・折り紙　　・子ども用ジグソーパズル ・紙風船　　・積み木　など 生徒の発言例 ・みんなでこまを回す時に「せーの」と声をかけたり,「もう1回やろう」と言ったりしたので,言葉の力や呼びかける力を使っていた。 ・輪投げが上手くいくように,力の入れ方や投げる角度に気をつけて,お互いにアドバイスしていた。 ・折り紙がきれいにできるように,ていねいにゆっくり折っていった。折り方をみんなで教え合った。	● 班ごとの遊びは,同じ遊びでもよいし,全班違っていてもよいが,伝承遊びが入っていた方が遊びの原点に気づきやすい。体験前に,「遊んでいる時にどのような力を使い,上手に遊ぶために,お互いにどのようなことをしたのか」を考えながら遊ぶように伝える。体験の時間は3〜5分に区切り,その後班で話し合いができるようにする。 **評価の例** ○ 班の遊び体験や話し合いに取り組み,遊びによって引き出される能力について考えようとしている。
● 各班から出された意見をもとに,遊びによって引き出される能力をまとめる。 生徒の発言例 ・言葉の力　　　・友達に呼びかける力 ・手の動かし方を調節する力 ・考える力　　　・集中力	● 遊びは身体,運動機能,言語,認知,情緒,社会性など様々な能力を引き出し,生きていく力につながることに気づかせる。 **評価の例** ○ 遊びによって引き出される能力と遊びの意義が分かる。

主な学習活動	指導上の留意点
2 幼児にとっては遊び道具のひとつでもある絵本の読み聞かせを通して、幼児とのよりよい関わり方を考えよう。 ● 絵本の特徴と読み聞かせに適している絵本について説明を聞く。 ● 教師の読み聞かせを見て、気づいたことを発表する。 生徒の発言例 ・ページをゆっくりめくっていた。 ・絵が隠れないように絵本を持っていた。 ・読み方もゆっくりだった。 ● なぜ読み聞かせの時にはこのようにしていたのか考え、発言する。 生徒の発言例 ・ページをめくったり、読んだりするのが速いと、幼児にはわかりにくいから。 ・絵が見えないとつまらないから。 ● もう少し工夫したら良いと思うことは何か考えて発言する。 生徒の発言例 ・聞いている人(生徒)の反応に対応した方がよい。 ・台詞のところは感情をこめた方が分かりやすいのではないか。 ● 幼児にとっての遊びの意義と読み聞かせのやり方、工夫点を確認する。	● 絵本は生徒が持参した絵本(特に読み聞かせ用との指示はしない)をもとに、特徴を伝える。(絵本の大きさ、形、絵や色の感じ、紙の感触、話の内容など) ● 1クラスの人数が多い時は、見やすいようにカメラなどを使用し、大型画面に映すなどの工夫も考えられる。3〜4分程度で読み聞かせができるような短い内容の絵本を選ぶ。〈例:かばくん、おおきなかぶなど〉 ● お手本としてではなく、生徒が工夫する点を考えられる余地を残しておくため、この時点での教師の読み聞かせはとても上手でなくてよい。 ● 子どもの気持ちになって聞き、必ずしも黙って聞いてなくてもよいと伝える。 ● 読み聞かせをする時も、幼児の発達にあわせ、幼児の気持ちを考えることが必要であることに気付かせる。 **評価の例** ○ 幼児とのよりよい関わり方について考えることができる。 ● 次回の授業では、読み聞かせに適した絵本を持参し、各自で工夫しながら読み聞かせの練習をすることを伝える。 **評価の例** ○ 幼児にとっての遊びの意義や幼児との関わり方を理解している。 ○ 幼児とのよりよい関わり方について考えることができる。

| 本時の目標 | ● 家庭生活は地域との相互の関わりで成り立っていることが分かる。
● 高齢者の身体の特徴を踏まえた関わり方について理解できるようにする。 |

主な学習活動	指導上の留意点

 導入

- ●「27.3％」と記入されたカードを見る。
  - ・提示された数字は何の数字か考え、発言する。
- ● 高齢者とどんな関わりをもったことがあるか考え発表する。

予想される生徒の発言
・祖父母には小さいころ遊んでもらった。
・近隣・地域のお年寄りにはお祭りの時山車のひき方を教えてもらった。

- ● 2017年度に内閣府から示された日本の高齢化率を示し、本時の学習をイメージさせる。必要に応じてヒントを与える。(1950年度5％未満、1970年度7％超え、1994年度14％超え、2065年度38.4％推計)
- ● 一緒に住むか否かに関わらず、高齢者が身近にいることに気付かせる。

 展開

- ● 若い世代が考える高齢者介護から気付いたことを話し合う。
  - ・介護されている祖父母にそれまでより多く声を掛ける。
  - ・介護している両親の手助けをする。
  - ・地域の介護システムの利用方法を調べ、活用できることは活用する。

- ● 家族や地域の人々と関わり、支え合って暮らしてきたことを確認する。
- ● 考えたこと、話し合った内容を記入し、発表する。

- ● 関わり方を考える例として、新聞の読者欄に掲載されていた若い世代の声を紹介し、投稿者に答える(アドバイスする)つもりで話し合わせる。
- ● 個人で考えた後グループになって考え、その考えを代表者が発表する。
- ● 自分達ができることについて意見を共有し合うことの意義について伝える。
- ● 介護に家庭内の協力は必要であるが、地域のシステムも利用する必要があることを伝える。

評 価 の 例
○家庭生活は地域との相互の関わりで成り立っていることが分かる。

- ● 年をとることはどういうことか考え、発表する。

予想される生徒の発言
・視野が広がり考えが深まる。
・体が衰える、病気にかかりやすい。
・身近な人を失う(子どもや孫の自立、身近な人の死、自分の死)。
・認知症にかかる人が多い。

- ● 人生は成長し続けるものだが、成長という老化もあることから、高齢期の身体的変化に気付かせる。
- ● 中学生にとって人生の先輩であると同時に老化による身体的衰えがあることを考えさせ、その大変さを共有させる。
- ● 認知症については、脳の機能が低下し日常生活が1人ではできなくなることがあるが、全ての能力を失う訳でないことを伝える。

主な学習活動	指導上の留意点
● 身体的機能が衰えた高齢者へのサポートの仕方を考えよう。 ・体の筋力低下により動作が遅くなる。 ・耳が遠くなる。 ・目が見えにくくなる。 ・新しいことを考えるのが面倒になる。 ・体調がすぐれないことも多い。	● 高齢者には個人差により様々な人がいるため,意見をできるだけ否定せずに聞き入れ,共有させる。 ● 近年増加している認知症患者についての理解は人と接する基本につながることも多いので知らせておきたい。 ※ 認知症が進行しようとも高齢者は子どもではない,長年生きてきた経験があり自尊心も高い。認知症の高齢者を理解するためにはその人の生活の歴史を知ることも大切であることを伝える。 ● 高齢者は個人差が大きいが,実態を知り適切に関われる準備をしておくように促す。
● 地域や身内の高齢者から若者へのメッセージを聞くための準備をする。 <インタビューの計画> ① 事前のアポイントメントの方法を考える。 ② どんなことを聞きたい? ・中学生の頃の思い出 ・若い頃と今の身体の変化 ・嬉しかったこと ・家庭生活と地域との関わり ・中学生にサポートしてほしいことやその方法 ③ 謝辞を作成する。 ④ 記録用紙記入する。 ⑤ インタビューの対象を決める。 ・記録用紙を整える	● 実際に高齢者の身体的特徴の理解を深めるため,高齢者との触れ合い体験が実施できるよう計画させる。 ● インタビューに際しては,相手に失礼のないよう事前にインタビュー対象と質問内容を確認しておく。 ● 高齢者から学ぶことをしっかりと聞き取るようアドバイスする。 ● 記入の確認をする。
まとめ ● 本時の学習を振り返り,インタビューの準備を整える。	● インタビューのまとめ方を指示し,終了させる。

A
家族・家庭生活

評 価 の 例
○ 高齢者の身体の特徴を踏まえた関わり方を考え,触れ合い体験の計画が立てられる。

1 食事の役割と中学生の栄養の特徴

○ キーワード

㋐(ア) 次のような知識を身に付けること。
❶生活の中で食事が果たす役割について理解すること。

》 食事の役割
》 共食の意義
》 食文化の継承

B 1 ㋐(ア) 学習指導要領を ハヤヨミ

❶生活の中で食事が果たす役割

生活の中で食事が果たす役割については，小学校における健康の保持増進，成長などの食事の役割の学習を踏まえ，食事を共にすることは人間関係を深めることや，偏食を改善し，栄養のバランスがよい食事にもつながること，行事食や郷土料理など食事が文化を伝えたりする役割もあることを理解できるようにします。

その際，共食については，孤食との比較から，その重要性に気付くとともに，食事を共にするためには，小学校で学習した楽しく食べるための工夫が必要であることに気付くようにします。

また，食品の不適切な扱いによっては，食中毒などによって健康を損ねたり，生命の危険にもつながったりすることから，健康で安全な食生活を営むためには，調理における食品の衛生的な扱いに関する知識及び技能を習得する必要があることにも気付くようにします。さらに，日常の食生活の在り方が環境に与える影響についても気付くようにします。

小学校でも食事の役割について学んできたと思います。小学校との違いや前回の学習指導要領から新しく加わったことはありますか？

よくわかる 解説

食事の役割として，小学校で学んだ健康の保持や成長の他に，社会的な意義や文化的な意義があることについて学習します。新しい学習指導要領では，内容の取扱いとして，「食事を共にする意義や食文化を継承することについても扱うこと」が加わりました。さらに，健康・快適・安全の視点から，食品の衛生的な扱いを学ぶ必要性に気付くこと，持続可能な社会の構築の視点から，食生活と環境の関わりについても気付くことができるようにします。具体的な内容は，B(3)と関連して扱うようにします。

指導にあたっては

　　　　食生活調べや話合いなどの活動を通して，食事の役割について具体的に考えることができるよう配慮する。例えば，毎日の食事や様々な行事等での食事場面を振り返り，その時の様子や気持ちを思い出して，生活の中で食事が果たす役割を考えたり，小学校家庭科や保健体育科等との関連を図り，食事と健康に関する調査結果等を活用して，食事が果たす役割を考えたりする活動などが考えられる。

　　　　なお，食生活調べなど生徒の家庭での食事を取り上げる場合には，生徒のプライバシーに十分配慮する。

B　衣食住の生活

考えられる実践

活動・題材例 1

●食事の役割について考えよう

地球から離れた宇宙船の中での，1日分の食事の例や食事風景の写真から気が付いたことをグループごとに話し合い，発表する。食事の役割の中の生命・健康の維持や，人と人のつながり，食文化の伝承などの大切さを確認する。

宇宙での食事風景

1 食事の役割と中学生の栄養の特徴

○ キーワード

⑦（イ）次のような知識を身に付けること。
　❶中学生に必要な栄養の特徴が分か
り，❷健康によい食習慣について理解
すること。

≫ 中学生に必要な栄養の特徴
≫ 健康によい食習慣
≫ 食事摂取基準

B 1 ⑦（イ）　学習指導要領を　ハヤヨミ

❶中学生に必要な栄養の特徴

　中学生に必要な栄養の特徴については，身体の成長が盛んで活動が活発な時期であるため，エネルギー及びたんぱく質やカルシウムなどの栄養素を十分に摂取する必要があることが分かり，日常生活で栄養的に過不足のない食事をとる必要があることを理解できるようにします。また，健康の保持増進と成長のために必要なエネルギーや栄養素の摂取量の基準が食事摂取基準に示されていることが分かるようにします。

　なお，中学生に必要な栄養の考え方が，高等学校におけるライフステージ別の栄養の特徴の学習につながることにも触れるようにします。

❷健康によい食習慣

　健康によい食習慣については，欠食や偏食を避け，栄養のバランスがよい食事をとることや1日3食を規則正しくとることの重要性について理解するとともに，健康によい食習慣を身に付け，日常生活において実践することの大切さにも気付くようにします。

　なお，健康の保持増進のためには，食事に加え，運動，休養も重要な要素であることを理解し，適度な運動量を確保しながら，食事で必要な栄養量をとることが大切であることに気付くようにします。

よくわかる 解説

　身長や体重などの変化や食事摂取基準などから，他の年代と比較して中学生に必要な栄養の特徴が理解できるようにします。B(2)(3) とも関連させ，栄養の特徴から食品の種類や概量，具体的な料理や食べる分量まで，実感を伴ってイメージさせることが大切です。健康に良い食習慣では，欠食や偏食の有無，規則正しく食事をとることに加え，間食や夜食の摂取の仕方，運動や排便の有無，就寝時刻と起床時刻など，生徒が自分自身の生活全体を振り返って考えることができるように指導します。

指導にあたっては

身長や体重などの身体的発達の変化と食事摂取基準などから、中学生に必要な栄養の特徴について考えることができるよう配慮する。また、1日の食事場面がイメージできる視聴覚教材などを活用して、健康によい食習慣について話し合う活動などを取り入れ、具体的に考えることができるよう配慮する。

この学習では、理科〔第2分野〕「生物の体のつくりと働き」や保健体育科〔保健分野〕「健康な生活と疾病の予防」の学習などとの関連を図るよう配慮する。

考えられる実践

活動・題材例 1

● わたしたちの食事を考えてみよう

「朝食を食べていない。」「好き嫌いが多く嫌いな食べ物は食べない。」などの食事のしかたの例をもとに、自分や友達の食事のしかたを振り返る。また、例えば「どうして朝食を食べられないのか。」などの理由をグループごとに話し合う。さらに、中学生の食生活の現状を調べ、話し合う。

活動・題材例 2

● 自分の食習慣における問題点を探ろう

「なぜ朝食を摂った方がいいのか。」「食品に含まれる糖分・塩分・脂質の量はどのくらいなのか。」などの資料を分析する。

その上で、アンケート形式の普段の食生活の振り返りシートを利用しまたは用いて、自分の食習慣における問題点を知る。そして、これからの自分の食生活を展望しながら、今後の学習に取り組む。

活動・題材例 3

● 中学生に必要な栄養の特徴を話し合おう

中学生の成長のグラフから、中学入学から卒業までの身長、体重の変化を確認する。その上で食事摂取基準の比較の表を見て、栄養素の働きを思い出しながら、なぜ年齢別に食事摂取基準が違うのかをグループごとに話し合う。

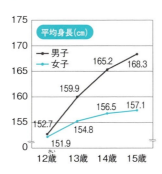
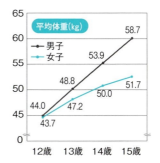

「平成28年度 学校保健統計」より作成

B 衣食住の生活

1 食事の役割と中学生の栄養の特徴

イ 健康によい食習慣について考え，工夫すること。

○ キーワード
- 健康によい食習慣の工夫
- 食事の仕方に関する課題解決
- 健康の視点

B 1 イ 学習指導要領を ハヤヨミ

ここでは，自分の食習慣についての課題を解決するために，アで身に付けた基礎的・基本的な知識を活用し，健康などの視点からよりよい食習慣について考え，工夫することができるようにします。

課題については，生徒の身近な生活の中から，食事の仕方に関する問題を見いだし，設定するようにします。

解決方法については，情報機器を活用して調べたり，各自の生活経験についての意見交換をしたりすることなどを通して，健康のためのよりよい食習慣について検討できるようにします。その際，家庭分野及び他教科等の既習事項や，自分の生活経験と関連付けて考え，適切な解決方法を選び，実践に向けて具体的に計画を考えることができるようにします。

生徒の身近な生活の中から，食事の仕方に関する問題を見いだし，課題を設定することとなっていますが，具体的な観点を教えてください。

よくわかる解説

イは，「思考力・判断力・表現力等」について示しており，アで身に付けた「知識及び技能」を，生活で活用できるようにすることを意図しています。ここでは，生徒一人ひとりが，健康のために自分の食習慣について工夫することができるようにします。課題は，生徒自身の日常生活における，共食や食習慣などの食事の仕方に関する問題から設定します。解決のための方法を検討するときには，話し合いを通して自分の考えを明確にしたり，意見を共有したり，互いの考えを深めたりできるようにします。

指導にあたっては

中学生の一週間の生活を提示し、健康などを視点として、その課題を見付け、その解決方法について話し合うことを通して、自分の考えを明確にしたり、他者と意見を共有して互いの考えを深めたりできるよう配慮する。

例えば、一週間の生活時間と食事内容を振り返り、運動・休養・栄養の状況を確認することを通して、問題点を把握し、それを改善する方法について考える活動などが考えられる。その際、食事の内容については、(2)「中学生に必要な栄養を満たす食事」の学習と関連を図って行うことも考えられる。

なお、食生活調べなど生徒の家庭での食事を取り上げる場合には、生徒のプライバシーに十分配慮する。

B 衣食住の生活

考えられる実践

(ア)を活用 一週間の食生活を振り返り、より健康を目指した食生活について考えよう

課題設定
① 一週間の生活の様子をワークシートに記録する。
　例えば、食事時刻、食事時間、共食の相手、間食や夜食の摂取、運動、睡眠(就寝・起床時刻)、その他排便など。
② 運動・休養・栄養を観点に自分自身の食生活の状況を把握し、よい点や問題点を書き出し、より健康を目指した食生活について考える。

> 課題：これまでの食生活を振り返り、より健康を目指した食生活について考える。

計画(実践)
① これまでの学習を振り返り、健康を目指した食生活について考える。
② 自身が目指す健康な食生活の目標を決める。
③ 各自が書き出した現在の食生活の問題点をどのように改善したら、目標を達成できるか考え、まとめる。

評価・改善
① 目標とそれを達成するための対策を班になり発表する。
② 聞き手は、目標が健康を目指したものになっているか、目標を達成するためにふさわしい対策かなどについて意見を出す。
③ 出た意見を参考に目標や対策について再度まとめる。

2 中学生に必要な栄養を満たす食事

○キーワード

㋐(ア) 次のような知識を身に付けること。
❶栄養素の種類と働きが分かり，
❷食品の栄養的な特質について理解すること。

》栄養素の種類
》栄養素の働き
》食品の栄養的な特質

B 2 ㋐(ア) 学習指導要領を ハヤヨミ

❶栄養素の種類と働き

栄養素の種類と働きについては，次のことを理解できるようにします。
・炭水化物と脂質は，主として体内で燃焼してエネルギーになること。
・たんぱく質は，主として筋肉，血液などの体を構成する成分となるだけでなく，エネルギー源としても利用されること。
・無機質には，カルシウムや鉄などがあり，カルシウムは骨や歯の成分，鉄は血液の成分となるなどの働きと，体の調子を整える働きがあること。
・ビタミンには，A，B₁，B₂，C，D などの種類があり，いずれも体の調子を整える働きがあること。

また，食物繊維は，消化されないが，腸の調子を整え，健康の保持のために必要であること，水は，五大栄養素には含まれないが，人の体の約 60％は水分で構成されており，生命維持のために必要な成分であることにも触れるようにします。

❷食品の栄養的な特質

食品の栄養的な特質については，食品に含まれる栄養素の種類と量など栄養的な特質によって，食品は食品群に分類されることを理解できるようにします。なお，食品に含まれる栄養素の種類と量については，日本食品標準成分表に示されていることが分かるようにします。

よくわかる 解説

　小学校では五大栄養素の種類と働きを学びましたが，ここでは栄養素が一つの働きだけをするのではないことに気付かせます。例えば，たんぱく質は体を構成するだけでなくエネルギー源にもなること，無機質は骨や歯，血液の成分であると共に，栄養素の代謝に関わり体の調子を整えることなどです。さらに，食物繊維や水の働きにも触れます。
　食品には複数の栄養素が様々な割合で含まれていること，他の食品よりも多く含まれる栄養素の特徴から，6つの食品群に分類されることを理解できるようにします。これは（2）ア（イ）の献立学習へつながる知識となります。

指導にあたっては

調査や話し合いなどをしたり，視聴覚教材やデジタル教材を活用したりするなどの活動を取り入れ，栄養素に関心をもたせるよう配慮する。また，食品群については，小学校で学習した栄養素の体内での主な三つの働きとの系統性を考慮して扱うよう配慮する。

例えば，運動をした後の体の状態を思い出し，活動に必要な栄養素や水分について調べたり，体の成長に必要な栄養素を調べたりすることを通して，栄養素の種類と働きが分かるようにする活動が考えられる。また，学校給食や弁当の献立，自分の食事内容の記録などから，そこに使われている食品の栄養成分を日本食品標準成分表を用いて調べたり，それらの食品を食品群に分類したりすることを通して，食品の栄養的な特質を確認する活動が考えられる。

この学習では，理科〔第2分野〕「生物の体のつくりと働き」の学習と関連させて，栄養素の種類と働きについて理解させることも考えられる。

B 衣食住の生活

考えられる実践

活動・題材例 1

●食品に含まれている栄養素を調べよう

① 日本食品標準成分表の利用の仕方の練習を行う。
　例1）ごはん茶わん1杯150gの炭水化物の量は何g?
　例2）卵1個50gのたんぱく質の量は何g?
　など

ごはん　100g　炭水化物 37.1 g
　　　　1杯150g　炭水化物（?）g

卵　100g　たんぱく質 12.3 g
　　1個 50g　たんぱく質（?）g

② 給食または弁当の献立の食事内容を記録し，それぞれの食品を食品成分表で炭水化物，脂質，たんぱく質，無機質，ビタミンA，ビタミンCを多く含む食品に分ける。

活動・題材例 2

●5つの栄養素と水の働きを調べよう

1つの栄養素や水をインターネットや図書で調べ，グループごとにまとめて発表する。中学生の時期である自分たちの生活を振り返り，自分たちと栄養素や水との関わりを考えながら取り組む。

2 中学生に必要な栄養を満たす食事

㋐(イ) 次のような知識を身に付けること。
❶中学生の1日に必要な食品の種類と概量が分かり，❷1日分の献立作成の方法について理解すること。

○ キーワード
》 1日に必要な食品の種類と概量
》 1日の献立作成の方法

B 2 ㋐(イ) 学習指導要領をハヤヨミ

❶ 中学生の1日に必要な食品の種類と概量

中学生の1日に必要な食品の種類と概量については，1日に必要な栄養量を食品群別に食品の量で置き換えて示した食品群別摂取量の目安があることが分かるようにします。中学生の1日に必要な食品の概量については，食品群別摂取量の目安で示されている量を，実際に食べている食品の量で分かるようにします。

❷ 1日分の献立作成の方法

1日分の献立作成の方法については，小学校で学習した1食分の献立の学習を踏まえ，中学生に必要な栄養量を満たす1日分の献立作成の方法を理解できるようにします。

具体的には，主食，主菜，副菜などの料理の組合せで考え，さらに，食品群別摂取量の目安に示されている食品の種類と概量を踏まえて，料理に使われる食品の組合せを工夫し，栄養のバランスがよい献立に修正するという手順を理解できるようにします。

献立作成において大切なことは何ですか？

よくわかる 解説

ここでは，中学生に必要な栄養を満たすための，具体的な食事の内容と献立作成の方法を理解することがねらいです。1日に必要な栄養量を満たすためには，食品群別摂取量の目安で示されている分量を食べれば良いことを，実際の食品の概量や食事量として実感を伴って理解できるようにします。献立作成の方法では，主食，主菜，副菜，汁物などを組み合わせて献立を作成し，料理に使われた食品を食品群に分けて内容と分量とを確認し，1日分の食事の中で過不足の食品を修正し，栄養のバランスが良い献立とすることを理解できるようにします。いずれも，ア（ア）で学習した，食品と栄養素の関係，栄養素の体の中での働きがきちんと理解できている必要があります。

指導にあたっては

　実際の食品を食品群に分類したり,計量したりすることなどの活動を通して,1日に必要な食品の概量を実感できるようにする。また,食品群別摂取量の目安などの細かな数値にとらわれるのではなく,食事を食品の概量で捉えられるようにする。

　例えば,給食の献立や料理カード,デジタル教材などを使用して,1日3食分の献立を作成し,その栄養のバランスを食品群別摂取量の目安を使って確認するなどの活動が考えられる。

　なお,献立を考える際には,栄養,嗜好,調理法,季節,費用などの点から検討する必要があるが,ここでは主に栄養を考えた食品の組合せを中心に指導する。

　この学習では,特別活動(学級活動)「食育の観点を踏まえた学校給食と望ましい食習慣の形成」の学習との関連を図るようにする。

考えられる実践

活動・題材例 1

●食品を食品群に分けてみよう

① 給食の献立をもとにして,材料の食品をあげる。
② 材料の食品を食品群に分ける。
③ 赤→1,2群　緑→3,4群　黄色→5,6群となっていることに気付く。
④ その他の食品についても分類する。

活動・題材例 2

●栄養士の先生や家族の人から話を聞こう

　自分の身のまわりの栄養士の先生や家族から話を聞き,食事の計画を立てたり,食事をつくる時など,各家庭でどんなことに気をつけたり,どんな思いで行っているかなどについて話を聞き,献立作成の参考にする。

　様々な考え方を知り,まとめた内容を発表し合い,栄養の学習の関心を高める。

活動・題材例 3

●昼食の食事内容を調べよう

① 休日の昼食に利用する好きなファーストフードやコンビニの食事を挙げる。
② ①を主食・主菜・副菜・汁物に分ける。
③ 食品群別摂取量の目安で確認する。
④ 栄養バランスをとるためには朝食・夕食で何を補う必要があるのかを考える。

2 中学生に必要な栄養を満たす食事

○ キーワード

イ 中学生の１日分の献立について考え，工夫すること。

≫ １日分の献立の工夫
≫ １日分の食事内容に関する課題解決
≫ 健康の視点

B 2 イ 学習指導要領を ハヤヨミ

　ここでは，中学生に必要な栄養を満たす食事についての課題を解決するために，アで身に付けた基礎的・基本的な知識を活用し，中学生の１日分の献立について健康などの視点から考え，工夫することができるようにします。

　課題については，生徒の身近な生活の中から，１日分の食事内容に関する問題を見いだし，設定するようにします。

　献立の改善方法については，情報機器や，料理カードやデジタル教材などを活用して調べたり，グループで交流し合ったりする活動を通して，中学生に必要な栄養を満たす１日分の献立について検討できるようにします。その際，家庭分野及び他教科等の既習事項や，自分の生活経験と関連付けて考え，適切な改善方法を選び，具体的に献立を作成することができるようにします。

　献立の評価・改善については，献立作成において考えたことや工夫したことなどを振り返って評価し，発表し合う活動などを通して，どのように改善したらよいかを考えることができるようにします。

１日３食の献立を生徒に作成させるのは難しいように感じるのですが…いかがでしょうか？

よくわかる解説

　ここでは，１日分の食事内容に関する問題を課題として設定します。１日３食のうち，いくつかを指定して残りの食事の献立を立案するなど，１日分の食事の栄養バランスについて，生徒自身がア（イ）の知識を用いて考えたり工夫したりできるように配慮します。献立の改善方法の検討や作った献立の評価では，グループで交流する活動や発表し合う活動などを通して，具体的に考えられるようにします。この学習を通して，日常生活の中で生徒自らが実践できるようにします。

指導にあたっては

　1日3食のうち幾つかを指定して残りの献立を立案するなどして,1日分の献立について全体的な栄養のバランスを考えることができるよう配慮する。また,中学生に必要な1日分の食事の量を理解できるようにすることも考えられる。例えば,(3)のアの(ウ)や(エ)との関連を図り,実習する献立や伝統的な郷土料理,自分で作る昼食の弁当の献立を中心に1日分の献立を考える活動などが考えられる。また,学校給食が実施されている学校では,給食の献立を活用することが考えられる。

　なお,生徒の家庭の食事を取り上げる場合は,生徒のプライバシーに十分配慮する。

B 衣食住の生活

考えられる実践

㋐を活用 1日の栄養バランスを考え,夕食の献立を工夫しよう

課題設定
① 事前に決まっている朝食と昼食の献立を確認する。

朝食例
・ご飯(米120g),かぶと油揚げのみそ汁,青菜のおひたし,納豆,りんごヨーグルト

昼食例
・おにぎり(米150g),焼きざけ,卵焼き,大豆とひじきの煮物,筑前煮,牛乳,いちご

② 夕食の献立を1日の全体的な栄養のバランスに配慮し,考える。

課題:1日の栄養バランスを考え,夕食の献立を工夫する。

計画(実践)
① 朝食と昼食に使われている食品を食品群に分類する。
② 朝食と昼食で不足する栄養素が補える夕食の献立を考える。
③ 食品群別摂取量の目安を使って確認をする。

評価・改善
① 各自考えた夕食の献立を隣の席の人と交換し,1日分の栄養バランスを考えた夕食の献立になっているか,確認する。
② 確認後,気付いた点を伝える。
③ 再度自分の考えた夕食の献立の修正などを行う。

3 日常食の調理と地域の食文化

○ キーワード

(ア)(ア) 次のような知識及び技能を身に付けること。
日常生活と関連付け，❶用途に応じた食品の選択について理解し，適切にできること。

≫ 用途に応じた食品の選択
≫ 生鮮食品と加工食品
≫ 食品の安全を確保する仕組み

B 3 (ア)(ア) 学習指導要領をハヤヨミ

❶用途に応じた食品の選択

　用途に応じた食品の選択については，目的，栄養，価格，調理の能率，環境への影響などの諸条件を考えて選択することが大切であることを理解できるようにします。

　生鮮食品については，調理実習で用いる魚，肉，野菜，いもなどの食品を取り上げ，鮮度や品質の見分け方について理解し，選択できるようにします。また，原産地などの表示も参考に選択できるようにします。

　加工食品については，身近なものを取り上げ，その期限表示，原材料や栄養成分，アレルギー表示，保存方法などの表示を理解して用途に応じた選択ができるようにします。

　生鮮食品と加工食品との比較から，加工食品の種類やその意義についても触れ，加工食品を適切に利用するために表示を理解することが必要であることが分かるようにします。

　なお，食品添加物や残留農薬，放射性物質などについては，基準値を設けて，食品の安全を確保する仕組みがあることについても触れるようにします。

よくわかる解説

　食品の選択については，目的や用途によって価格や調理の能率などの諸条件の軽重が変わることが理解できるようにします。生鮮食品については，鮮度や品質が見分けられること，加工食品については，表示の意味を理解できることが，食品選択の際には大事になります。新しい学習指導要領では，加工食品の種類や意義，食品の安全確保の仕組みについての事項が加わりました。食品に対して漠然とした不安を抱くのではなく，食品安全委員会や厚生労働省・農林水産省・消費者庁などによる食品の安全を守る国の仕組みにも触れ，正しく判断できるようにしましょう。

指導にあたっては

(3)のアの(イ),(ウ)又は(エ)との関連を図り,調理実習で使用する食品の選択について調査するなどの活動を取り入れるなど,生徒が主体的に考えることができるよう配慮する。

例えば,調理実習で使用する生鮮食品や加工食品の表示調べをしたり,手作りのものと市販の加工食品などを比較して用途に応じた選択について話し合ったりすることなどが考えられる。

B 衣食住の生活

考えられる実践

活動・題材例 1

●魚のムニエルの材料を考えよう

① 今の季節に適したムニエルの魚は何か調べる。
② その材料を選んだ理由を考える。
　調べる資料:折り込みチラシ,家族・知人からの情報,インターネットなど
※①,②を班ごとに発表する。
③ 旬の食品を用いることの大切さ,加工食品の利用についてまとめる。

さけ　　かれい　　たら

さやいんげん　トマト　ブロッコリー

活動・題材例 2

●手づくり食品と加工食品を比較しよう

① 手づくりの餃子の材料を調べる。(皮は加工品使用も可)
※ハンバーグでの学習も可
② 冷凍食品,半加工食品,調理済み食品の中から一種類を各班1つずつ購入して持参する。(なるべく種類が重ならないように)……………①②で1時間
③ 調理実習で手づくりと加工食品を比較して調理,試食。………………… 2時間
④ 味,調理時間,材料,添加物,価格を比較しまとめる。………………… 1時間

3 日常食の調理と地域の食文化

○ キーワード

㋐(イ) 次のような知識及び技能を身に付けること。

❶❷食品や調理用具等の安全と衛生に留意した管理について理解し，適切にできること。

≫ 食品の管理
≫ 調理器具等の管理
≫ 調理用熱源の安全な取り扱い

B 3 ㋐(イ) 学習指導要領を ハヤヨミ

❶ 食品の安全と衛生に留意した管理

食品の安全と衛生に留意した管理については，(3)「日常食の調理と地域の食文化」のアの(ア)との関連を図り，調理実習のために購入した食品の適切な取扱いを理解し，できるようにします。特に，魚や肉などの生の食品の扱いについては，食中毒の予防のために，安全で衛生的な扱い方を工夫できるようにします。食品の保存方法と保存期間の関係については，食品の腐敗や食中毒の原因と関連付けて理解できるようにします。また，ごみを適切に処理できるようにします。

❷ 調理用具等の安全と衛生に留意した管理

調理用具等の安全と衛生に留意した管理については，調理実習に用いる用具を中心に正しい使い方を理解し，安全に取り扱うことができるようにします。特に，小学校での学習を踏まえ，ふきんやまな板の衛生的な取扱いや包丁などの刃物の安全な取扱いができるようにします。

調理用の熱源については，主に電気とガスの特徴を理解し，電気やガス用の器具を効率よく安全に取り扱うことができるようにします。特に，小学校での学習を踏まえ，熱源の周囲の片付けや換気の必要性を確認し，使用後の後始末についてはガスの元栓の閉め忘れや電源の切り忘れがないようにします。

よくわかる 解説

中学校では，初めて魚や肉の調理を行います。魚や肉などの生鮮食品は，腐敗が速く食中毒の原因にもなるので，保存に注意し，実習の際には安全で衛生的な扱い方ができるようにします。特に，まな板や包丁，さいばしなどの調理用具による二次汚染，肉の加熱不足に注意しましょう。

ふきんやまな板の衛生的な取扱い，包丁や加熱用熱源の安全な取扱いについては，小学校での既習事項ですが，安全に実習が行えるようにしっかりと確認しましょう。

考えられる実践

活動・題材例 1

●食品に適した保存をしよう

　購入した食品を適切に保存できずに，失敗した例などを発表する。なぜ失敗したかを考え，正しい食品の保存のポイントを理解する。

【生鮮食品】

・冷蔵庫に保存して早めに使い切るようにする。

・野菜は乾燥しないように新聞紙に包んだり，ポリ袋に入れたりする。

【冷蔵に適さない食品】

・バナナなど熱帯の果物やなすなどの夏野菜は，冷蔵すると低温障害を起こし，はんてんが出たり水っぽくなったりする。

【加工食品】

・消費期限・賞味期限を確認し，表示を守る。

・開封後は早めに使い切るようにする。

・乾燥品などは湿らないように密封する工夫をする。

※適切な保存方法は食品の表示に書かれていることが多く，それを読み解く事が大切であることを理解する。

活動・題材例 2

●環境に配慮した調理実習のために

　以下を調理実習の前に確認する。

①調理道具や食器などを洗う際は，洗剤や水を使い過ぎない。

②ガスコンロの火力調節を心がける。

③食品の廃棄部を少なくする。また食べ残しをしない。

　また，日本の食料廃棄量と世界の飢餓問題についても調理を通して考え，自分たちの食生活を振り返る。

活動・題材例 3

●調理実習点検表

　調理実習では後片付けも大切である。後片付けの担当を事前に決めておき，当日はそれぞれが責任をもって後片付けを行う。

項　目	○/○	○/○	○/○
1, 用具・食器はふきんで拭いて元の場所にしまう。			
2, ごみを種類別に捨てる。			
3, 調理台の上を拭く。		ここには担当者の名前を記入する。	
4, ガス台まわりや下を拭く。ガスの元栓を閉める。			
5, 流しを洗い，水気を台ふきんで拭き取る。			
6, 台ふきんを洗って干す			
検　印			

点検表の記入は班長がし，仕事内容はローテーションする。

B 衣食住の生活

3 日常食の調理と地域の食文化

○ キーワード

㋐（ウ）次のような知識及び技能を身に付けること。

❶材料に適した加熱調理の仕方について理解し，基礎的な日常食の調理が適切にできること。

» ゆでる・いためる，煮る，焼く，蒸す
» 肉，魚，野菜の調理と調理上の性質

B 3 ㋐（ウ）　学習指導要領を ハヤヨミ

実習の題材については，基本的な調理操作や食品の衛生的な扱い方が習得できる基礎的なものとします。

❶材料に適した加熱調理の仕方

材料に適した加熱調理の仕方については，小学校で学習したゆでる，いためる調理に加え，煮る，焼く，蒸す等を次の点に重点を置いて扱うこととし，いずれも火加減の調節が大切であることを理解し，加熱器具を適切に操作して魚，肉，野菜などの調理ができるようにします。煮るについては，材料の種類や切り方などによって煮方が異なること，調味の仕方が汁の量によって異なることなどを理解できるようにします。焼くについては，直火焼き，フライパンやオーブンなどを用いた間接焼きがあり，それぞれ特徴があることを理解できるようにします。蒸すについては，ゆでる，いためる調理などと比較することにより，水蒸気で加熱する蒸し調理の特徴を理解できるようにします。その際，野菜やいもなどを蒸したり，小麦粉を使ったお菓子を調理したりするなど，基礎的な調理を扱うようにします。

魚や肉については，加熱することで衛生的で安全になることが分かり，中心まで火を通す方法を理解し，できるようにします。また，魚の種類や肉の部位等によって調理法が異なることや主な成分であるたんぱく質が加熱によって変性・凝固し，硬さ，色，味，においが変化するため，調理の目的に合った加熱方法が必要であることを理解できるようにします。

野菜については，小学校での学習を踏まえ，生食できること，食塩をふると水分が出てしなやかになること，加熱すると組織が軟らかくなることなどを理解できるようにします。野菜の切り口が変色することや，緑黄色野菜は加熱のしすぎなどによって色が悪くなることなどについても触れ，それを防止する方法を理解できるようにします。また，(2)「中学生に必要な栄養を満たす食事」のアの(イ)の食品の概量の把握と関連させ，青菜などの野菜は加熱によってかさが減り，食べやすくなることも理解できるようにします。

さらに，その他の食品として卵やいも類などの身近なものを取り上げ，魚や肉，野菜と組み合わせるなどして題材とします。その際，例えば，卵については，主な成分であるたんぱく質が加熱によって凝固することを利用して，様々な調理に用いられていることを理解し，適切に調理できるようにします。

　調理操作に関しては，衛生的な観点などから食品によって適切な洗い方があることを理解させるとともに排水などの問題についても触れるようにします。切り方については，安全な包丁の使い方を知り，食べられない部分を切除し，食べやすさ，加熱しやすさ，調味料のしみ込みやすさ，見た目の美しさなどを考えて適切に切ることができるようにします。

　調味については，食塩，みそ，しょうゆ，さとう，食酢，油脂などを用いて，調理の目的に合った調味ができるようにします。その際，計量器の適切な使用方法についても触れるようにします。

　盛り付けや配膳については，料理の外観がおいしさに与える影響は大きいことを理解させ，料理の様式に応じた方法でできるようにします。

　調理実習に際しては，調理に必要な手順や時間を考えて計画を立てて行い，調理の後始末の仕方や実習後の評価も含めて学習できるようにします。また，安全と衛生に留意した調理ができるようにするとともに，調理することの喜びを味わい，自ら調理することによって食生活に対する関心を高め，日常生活における実践につなげることができるようにします。

B　衣食住の生活

調理について経験や体験が少ない生徒が多いのですが，どのように教えたらよいでしょうか？

よくわかる解説

　新しい学習指導要領では，内容の取扱いとして「煮る，焼く，蒸す等を扱うこと」が加わりました。小学校で学習した「ゆでる，いためる」を含め，いずれも加熱調理の特徴を理解し，材料の切り方や調味の仕方などを工夫し，適切に調理できるようにします。魚や肉，野菜，卵などの食品の調理上の性質についても，実習や実験を通して体験的に理解し，各食材を適切に安全に調理できるようにします。また，おいしく食べるために，できあがりのタイミングをそろえる，加熱しやすさや食べやすさに応じて材料の切り方を変える，目的に応じた盛り付けを考えるなどについてもできるようにします。

指導にあたっては

1品の調理実習を行う場合においても，1食分の献立例を考え，(2)「中学生に必要な栄養を満たす食事」の学習と関連付け，栄養のバランスを確認できるよう配慮する。

考えられる実践

活動・題材例 1

● 野菜の特徴を知り，野菜をおいしく食べよう
① よく食べる野菜と野菜料理について考え，発表する。
② 野菜の特徴を知り，自分の食生活を振り返り，野菜についての知識や経験を出し合う。
③ 野菜を生食のもの，加熱したもの，塩をふったものの色の変化をピクチャーカードなどを参考に理解する。
④ 実際に生食用のキャベツとゆでたキャベツと蒸したキャベツを比較し，加熱してかさを減らすと，一度にたくさんの野菜が食べられることを理解する。
⑤ それぞれの調理方法のキャベツを食べ，味などを比較し，ワークシートにまとめる。
※1日の食品の概量の学習と関連しながら学ぶ。

活動・題材例 2

● ハンバーグをつくろう
① ハンバーグについて，塩を加えたひき肉は，こねると粘りが出てまとまりやすくなることを比較できる写真などを見て，理解する。

3回こねて焼いたもの　　　30回こねて焼いたもの

② ハンバーグに合う付け合せを1つ考え，実際に調理実習でもつくるために手順などを確認する。
③ ハンバーグと付け合わせにごはんと簡単な汁物を添え，他に副菜として1品を加えることにより，1食分の献立になることに気付く。

考えられる実践

活動・題材例 3

●配膳を工夫しよう

料理は外見も大切であることを知る。例えば、煮込みハンバーグを主菜とする献立とさばのみそ煮を主菜とする献立の盛り付け例の写真提示し、和食と洋食の違いについて気付く。

煮込みハンバーグを主菜とする献立例

さばのみそ煮を主菜とする献立例

また、以下のことにも注意することで料理の外観も美味しさに影響することを理解し、調理実習の際に気を付ける。

【和食の場合】
・ごはん茶碗は左手で持つので向かって左側に、汁物は右側に並べる。
・はしは太いほうを利き手側にして箸置きにのせ、ごはんと汁物の手前に置く。
・魚や肉などの主菜の皿は奥、和えものやおひたしなどの副菜は主菜に並べる。
・漬けものの小皿やしょうゆ皿は、全体の中央におく。

【洋食の場合】
・中央にメインの料理を置く。
・右にスプーンとナイフ(スプーンが外側)、左にフォークを縦に並べる。

B 衣食住の生活

3 日常食の調理と地域の食文化

○ キーワード

(ア)(エ) 次のような知識及び技能を身に付けること。
❶ 地域の食文化について理解し，
❷ 地域の食材を用いた和食の調理
が適切にできること。

≫ 地域や季節の食材を用いる意義
≫ 地域の食材を用いた和食の調理

B 3 (ア)(エ) 学習指導要領をハヤヨミ

❶ 地域の食文化

地域の食文化については，主として，地域又は季節の食材を用いることの意義について理解できるようにします。地域の食材は生産者と消費者の距離が近いために，新鮮なものを食べることができるなど，地域又は季節の食材のよさに気付くことができるようにします。また，実際に食材に触れ，和食の調理をすることを通して，自分の住む地域の食文化についても理解できるようにします。

❷ 地域の食材を用いた和食の調理

地域の食材を用いた和食の調理については，日常食べられている和食として，だしと地域又は季節の食材を用いた煮物又は汁物を取り上げ，適切に調理ができるようにします。また，小学校で学習しただしの役割を踏まえ，だしの種類や料理に適しただしの取り方に気付くことができるようにします。

和食の調理について新しく明記されましたが，だしを用いた調理について教える際のポイントを教えて下さい。

よくわかる解説

日本の生活文化を継承することの大切さに気付くことができるように，ここでは，伝統的な食文化である和食を扱います。和食の調理では，地域または季節の食材を使い，だしを用いた汁物・煮物，日常食の和食を調理します。併せて，地域・季節の食材を用いる意義について理解し，地域の食文化に関心をもたせるようにします。栄養バランスのよい食事を工夫できるようにするためにも，魚や野菜の料理が多い和食を食べ慣れることが大事です。

指導にあたっては

　地域との連携を図るよう配慮する。例えば，地域又は季節の食材について調べ，それらを用いた和食の調理をすることが考えられる。また，地域の実態に応じて，地域の伝統的な行事食や郷土料理を扱うことも考えられる。

　この学習では，(1)「食事の役割と中学生の栄養の特徴」のアの(ア)「食事が果たす役割」との関連を図り，食事には文化を伝える役割もあることを理解できるようにする。

B 衣食住の生活

考えられる実践

活動・題材例 1

●地域または季節の食材について調べよう

　給食に用いられる地域の食材や季節の食材について，学校栄養士に5〜10分間ほど話を聞く。今まで知らなかった，また，気付かなかった地域や季節の食材が身近にあることに気付く。また，地域や季節の食材を用いることの意義を理解する。さらに知識を深めるように各家庭で話を聞くなどして調べる。

活動・題材例 2

●地域の伝統的な行事食，郷土料理を知ろう

　教科書，書籍，インターネットなどを活用して，自分の住んでいる地域の行事食，郷土料理などを調べる。調べた内容は，クラスで発表する。さらにグループで日本全国の郷土料理などを調べ，料理から地域や行事を当てるなどゲームをする。

あなたの地域でとれる食材について，下記の観点で調べて記入しよう。

食材名	出回る季節	食材の特徴	調査方法

調べ学習ワークシート例

『行事食・郷土料理』　　　年　組　番（　　　　）

1　調べた調理名
行事食
郷土料理

2　用いられている地域の食材

3　その料理が食べられるようになった理由（由来）

4　作り方
材料・分量

作り方

5　調べてみて気付いたこと

65

3 日常食の調理と地域の食文化

○ キーワード

イ 日常の1食分の調理について，食品の選択や調理の仕方，調理計画を考え，工夫すること。

》 1食分の調理の工夫
》 食品選択や調理の仕方，調理計画に関する課題解決

B 3 イ　学習指導要領をハヤヨミ

　ここでは，日常の1食分の調理についての課題を解決するために，アで身に付けた基礎的・基本的な知識及び技能を活用し，健康・安全などの視点から食品の選択や調理の仕方，調理計画を考え，工夫することができるようにします。

　課題については，日常の1食分の調理において，食品の選択や調理の仕方，調理計画に関する問題を見いだし，設定するようにします。

　解決方法については，考えたことをグループで発表し合う活動などを通して，用途に応じた食品の選択や材料に適した調理の仕方，手順を考えた効率的な調理計画について検討できるようにします。その際，既習事項や自分の生活経験と関連付けて考え，適切な解決方法を選び，実践に向けて具体的に計画を立てることができるようにします。

　調理の実践の評価・改善については，計画どおりに実践できたかどうかなどを振り返って評価し，実践発表会などを通して，改善方法について考えることができるようにします。

日常の1食分の調理計画を立てるときのポイントを教えてください。

よくわかる 解説

　ここでは，日常食の調理と地域の食文化に関する知識及び技能を活用し，日常の1食分の具体的な調理計画を立てて，調理の実践をします。課題は，食品の選択や調理の仕方などから設定するようにし，発表し合ったりする活動などを通して，解決方法を検討したり，実践後の評価・改善を行います。食生活の自立に向けて，日常食の調理に関する知識と技能を確実に身に付け，実践を通して自ら考え工夫できるようにします。

指導にあたっては

　日常の1食分の献立を考えて調理計画を立てるなど, (2)「中学生に必要な栄養を満たす食事」の学習との関連を図るよう配慮する。例えば, アの(ウ)や(エ)で扱う料理を用いた栄養バランスのよい1食分の献立を実習題材として設定し, そのための食品の選択や調理の仕方を考え, 調理計画を立てて実践することが考えられる。その際, 実生活で活用できるようにするために, 調理計画は, 1食分を1人で調理する場合の計画についても考えることができるように配慮する。また, 1食分の調理については, グループで行う場合や, 1人で行う場合などが考えられるが, いずれにおいても, 実践を通して考えたことや学んだことをグループや学級内で話し合う活動などを工夫し, 効果的に学習を展開できるように配慮する。さらに, 生徒が課題を解決できた達成感や, 実践する喜びを味わい, 次の学習に主体的に取り組むことができるよう配慮する。

　なお, 家庭で実践する場合には, 生徒の家庭の状況に十分配慮し, 家庭との連携を図るようにする。

B

衣食住の生活

考えられる実践

㋐ を活用　調理実習に向けて計画を立てよう

課題設定
①つくりたい料理について話し合いをする。
②材料や味付けなどつくり方を調べる。

> 課題：安全・衛生・環境に配慮して, おいしく食べるために調理の工夫をしよう。

計画（実践）
①計画を立てる。
・つくりたい料理の材料, 分量, 手順, 必要な調理用具, 器具などをまとめ, 計画を立てる。
②計画を発表する。
・クラスで発表し, 手順や用具・器具の使い方を確認する。
③計画にしたがって調理実習を行う。

評価・改善
①調理実習を振り返る。
・調理実習をふり返って, うまくいったことや楽しかったことや反省点など話し合う。
②家族のために実習計画を立てる。
・反省をもとに, 家族のためにつくる料理の実践計画をたてる。

調 理 題 材 例

食品	調理法	調理のポイント	調理名
魚	焼く	火加減	● さけのムニエル ● いわしの蒲焼き ● 秋刀魚の塩焼き
	蒸す	蒸気を十分にあげる	● 白身魚のホイル焼き ● 白身魚のアクアパッツァ
	煮る	落としぶた	● ぶり大根 ● さばのみそ煮
肉	ゆでる	火加減	● 豚しゃぶサラダ
	炒める	野菜の切り方, 火加減	● 肉野菜炒め
	炒める＋煮る	調味料	● マーボー豆腐
	煮る	野菜の切り方, 火加減	● ポトフ ● 鶏肉と大根の煮物
	焼く	調味料, 火加減	● 豚のしょうが焼き ● 鶏のなべ照り焼き ● 餃子 ● ハンバーグ
	蒸す	火加減	● バンバンジー
野菜	生食	野菜の切り方, 調味料	● おろしあえ ● 酢の物 ● 千草づけ
	ゆでる	調味料	● ごまあえ ● 白あえ
	蒸す	火加減	● 温サラダ
	炒める＋煮る	―	● きんぴらごぼう
	煮る	野菜の切り方	● かぼちゃの煮物 ● 白菜とベーコンの煮物 ● ラタトゥユ
缶詰	煮る	野菜の切り方	● クラムチャウダー(あさり水煮缶)
乾物	煮る	落としぶた	● 切干大根の煮物
海藻	炒める＋煮る	―	● ひじきの煮物
じゃがいも	炒める＋煮る	―	● 肉じゃが
	煮る	調味のしかた	● ポテトサラダ
卵	煮る	―	● 親子丼
	焼く	―	● オムレツ
小麦粉	蒸す	―	● 蒸しパン

焼く さけのムニエル

煮る さばのみそ煮

炒める 肉野菜炒め

焼く 餃子

生食 酢の物

ゆでる ほうれん草のごまあえ

蒸す 蒸しパン

炒める＋煮る 肉じゃが

B 衣食住の生活

本時の目標

● 加熱調理の方法の一つとして「蒸す」方法があることを知り，どんな料理に使われていて，どんな特徴があるかを理解する。火加減の調節が少ない簡単な調理題材を設定し，蒸し器の安全な使用法と食材に合わせた「蒸す」調理題材を調理することができる。

授業展開例（2〜3時間扱い）

主な学習活動	指導上の留意点
導入 ● 「これは何という道具ですか。」蒸し器を見て答える。 ● 「蒸す」調理について学習することを知る。 展開 ● 蒸し器の使い方について説明を聞き，ワークシートに記入する。 ● 毎日の食事で「蒸す」調理をした料理名をあげてみる。 予想される生徒の発言 ・中華まん　・蒸しパン　・蒸し野菜 ● 「蒸す」調理は，焼く，煮るなどの料理とどこが異なるか特徴について考える。 予想される生徒の発言 ・しっとりするけどふかふか。 ・こげない。 ● 「蒸す」調理の特徴をまとめる。 　1．加熱温度が100度以上にならない。 　2．食品表面に水分がくっつき，しっとりとする（水っぽくなる）。 　3．水蒸気が鍋ぶたにつき，水滴になって食品に落ちることがある。	● 学校の調理室で使用するものを見せる。セイロやその他の形については，画像で紹介する。 ● 実際にコンロにかけて見せるとわかりやすい。安全な調理のために，水の量に注意する。 ● 専用の蒸し器でなくても同じように調理する場合も説明する。 ● スチームオーブンについても発言があった場合は，取り上げて説明をする。 評価の例 ○ 真剣に聞き，ワークシートに記入している。〈観察・ワークシート〉 ○ 蒸し器の使い方について理解している。〈ワークシート〉 ● なかなか名前が出てこないことが予想されるので，給食の献立表などを用意しておく。 ● 一人で考えるのは難しいので，グループにして考えさせる。 ● 生徒に発表させ，3つにまとめる。 評価の例 ○ 意欲的に考え，ワークシートに記入している。〈観察・ワークシート〉 ○ 蒸す調理の特徴について理解している。〈ワークシート〉

主な学習活動	指導上の留意点

● 「蒸す」調理として, シュウマイ, 蒸しケーキをつくることを知る。つくり方の説明を聞き, 注意点をまとめる。

● シュウマイ:肉の調理として取りあげてもよい。
● 蒸しケーキ:幼児の間食との関連で取り上げてもよい。

評 価 の 例

○ 意欲的に聞き, ワークシートにまとめている。
〈観察・ワークシート〉
○ 調理の注意点をまとめることができる。
〈ワークシート〉

● 調理実習の班になって, 材料の確認や調理の分担を行う。
(ここまでが, 調理実習前)

● 一人の仕事がわかりやすいように, 分担をはっきりさせておく。
例)シュウマイの場合
(調味料を測る人, 玉ねぎを切る人, 干しシイタケを切る人, 材料をこねる人)この内容を分担しておき, シュウマイの皮に包むのは全員で行う。

● 調理実習の準備をする。

● 前日の放課後や朝の時間に, 係生徒を中心に準備をする。

● 調理のポイントを説明し, なぜそのようにするのかを考えながら調理することを知る。
● 調理実習を行う。
● 試食をし, 評価する。調理のポイントで, なぜそうするのかの理由についてまとめる。
● 調理のポイントで, なぜそうするのかの理由について, 発表し共有する。

● 実際の調理の場面で, 調理のポイントが理解できるように声かけをしていく。

評 価 の 例

○ 意欲的に調理実習をしている。
〈観察〉
○ 調理のポイントを意識しながら「蒸し」調理の特徴や食材に応じた調理を工夫している。
〈観察・ワークシート〉
○ 安全で衛生的に調理することができる。
〈観察〉
○ 調理ポイントについて理由をつけて説明することができる。
〈発表・ワークシート〉

● 後片付けをし, ワークシートをまとめる。

● 調理経験の少ない生徒は, 素朴な発言をすることがあるが, それも大事にして発展させる。
● 家庭で復習をするように呼び掛ける。

まとめ
● 「蒸す」調理のポイントについてまとめる。
● ワークシートを提出する。
● 次時の確認をする。

B
衣食住の生活

本時の目標
- 地域の食材を用いた行事食について調べ, 調理計画を班ごとに発表できる。
- 我が国の年中行事の意味や関連する行事食の内容について理解する。
- 我が国の年中行事や行事食が縮小傾向にあることを知り, 関心を持ち継承していこうとする意欲をもつ。

主な学習活動	指導上の留意点
導入 1 地域の特産物を見せながら, 地域の食材について知る。 （東京の場合の例） 2 前時までの振り返り ● 班ごとに発表の準備を確認する。 （10分） 課題：地域の食材を用いた行事食について調べ, 調理計画を立ててみよう。 展開 3 A班から前に出て発表する。 　テーマ　A　お正月 　　　　　B　七草 　　　　　C　節分 　　　　　D　雛祭り 　　　　　E　お彼岸 　　　　　F　端午の節句 　　　　　G　十五夜 　　　　　H　冬至 　　　　　I　大晦日	● 東京の特産品を見せる。 　葛飾：小松菜 　清瀬：にんじん 　練馬：大根 　三宅島：あしたば 　八王子：牛乳 　八丈島：飛び魚 ● 前時までに発表の準備ができているか確認する。 準備：ワークシート ● 紙芝居形式の用紙を見やすく提示しながら発表できるように支援する。 ● 発表するグループは全員前に出て発表することを伝える。 ● 各班の発表を聞きながら, ワークシートに記録をとるように指示する。 ● 各班の発表時間を約3分位とする。 準備：マグネット, 発表のための道具 **評価の例** ○ 各行事について班ごとに協力して課題に取り組み, 発表できたか。 〈発表の様子・ワークシート〉

主な学習活動	指導上の留意点
4 なぜこのような行事や行事食が生まれたのか,考える。  5 行事食の現状について考える。 6 行事食の文化を受け継いでいくにはどのようにしたらよいか考える。 7 食事を家族やみんなで食べることの意義について考える。 （35分） **まとめ** 8 本時を振り返り,まとめをする。ワークシートに記入し,発表する。 （5分）	● 農耕民族である祖先が神様を敬い,ハレとケを区別する習わしがあることを補足する。 ● ハレとケは,日本人の伝統的な世界観のひとつ。 　ハレ…儀礼や祭り,年中行事などの「非日常」 　ケ…普段の生活である「日常」 **評価の例** ○ 我が国の年中行事の意味や各行事食の内容について理解できたか。 〈ワークシート〉 ● 戦後欧米式の年中行事が入ってきたことや（クリスマス,バレンタインなど）,核家族化や単身世帯の増加などにより,あまり取り上げられなくなくなっていく傾向にあることを伝える。 ● 食事は,生命を維持するのみではなく,家族や仲間と一緒に「満たされた時間」を和やかに過ごす,「分かち合い」を実感する,つくってくれた人の愛情を実感する,文化の伝承等,色々な意味合いがある事を補足する。 ● 本時を振り返り,ねらいが達成できたか考えさせる。 ● ワークシートを回収する。 **評価の例** ○ 我が国の年中行事や行事食がすたれて行く傾向にあることを知り,継承していこうとする意欲をもつことができたか。 〈発表の様子・ワークシート〉

【補足資料】
日本では,稲作を基本とした時代が長いので,稲作儀礼を中心として,在来の原始信仰以来の行事と,外来（主に中国）の諸文化に基づくさまざまな行事とが,複雑に絡まりあって成り立っている。

4 衣服の選択と手入れ

○ キーワード

㋐（ア） 次のような知識及び技能を身に付けること。

❶衣服と社会生活との関わりが分かり，❷目的に応じた着用，❸個性を生かす着用及び❹衣服の適切な選択について理解すること。

» 衣服の社会的機能
» 目的（TPO）に応じた着用
» 和服
» 衣服の選択

B 4 ㋐（ア）　学習指導要領をハヤヨミ

❶衣服と社会生活との関わり

衣服と社会生活との関わりについては，小学校で学習した保健衛生上の働きと生活活動上の働きを踏まえて，中学校では，所属や職業を表したり，行事等によって衣服や着方に決まりがあったりするなど，社会生活を営む上での機能を中心に理解できるようにします。その際，和服は日本の伝統的な衣服であり，冠婚葬祭や儀式等で着用することや，地域の祭りなどで浴衣を着用することなどについて触れるようにします。また，和服と洋服の構成や着方の違いに気付くようにするとともに，和服の基本的な着装を扱うことも考えられます。

❷目的に応じた着用

目的に応じた着用については，生徒の身近な生活や地域社会での活動を取り上げ，学校生活や行事，訪問などの目的に応じた，それぞれの場にふさわしい着方があることを理解できるようにします。

❸個性を生かす着用

個性を生かす着用については，衣服の種類や組合せ，襟の形やゆとり，色等によって人に与える印象が異なることを理解できるようにします。

❹衣服の適切な選択

衣服の適切な選択については，既製服を中心に取り扱い，組成表示，取扱い表示，サイズ表示等の意味を理解できるようにします。衣服の購入に当たっては，縫い方やボタン付け等の縫製の良否，手入れの仕方，手持ちの衣服との組合せ，価格などにも留意し，目的に応じて衣服を選択する必要があることを理解できるようにします。また，既製服のサイズは身体部位の寸法で示されることと計測の仕方を理解できるようにします。

なお，衣服の入手については，購入するだけでなく，環境に配慮する視点から，他の人から譲り受けたり，リフォームしたりする方法があることにも触れるようにします。

よくわかる解説

　小学校では，身体的な快適性に重点をおいて，衣服の働きについて学習します。これを踏まえ中学校では，衣服の社会的機能に着目し，職業や所属集団を表したり，個性を表現したり，喜びや悲しみなどの気持ちを慣習にしたがって衣服で表現する働きを理解します。また，生活文化の視点から和服を取り上げ，基本的な和服の着装を取り扱うことで，日本の伝統文化への興味を喚起したり，理解を深めたりすることが考えられます。

　衣服の選択・購入では，体格や体型，動作への適合性を確認する試着の必要性を理解することが重要です。また，価格と品質，原産国の関係から原料や製造といった社会の問題に視野を広げる学習に発展させることもできます。

B　衣食住の生活

指導にあたっては

　調査や話合いなどの活動を取り入れ，生徒が自分の衣服の着方について主体的に考えることができるよう配慮する。

　例えば，目的に応じた着用については，各種の制服や流行について話し合ったり，具体的な生活場面を想定して発表し合ったりするなどの活動が考えられる。個性を生かす着用については，情報機器を活用し，衣服の上下や，色，形などの組合せを変えることによる印象の違いについて発表し合うなどの活動が考えられる。

考えられる実践

活動・題材例 1

●着用の工夫をしよう

　実際に遭遇する場面を設定し考える。

　例えば，「登山にふさわしい服装」とテーマを決めて，グループで話し合う。時・場所・場合や社会生活上の着方だけではなく，保健衛生上の着方や生活活動上の着方も併せて総合的に考える。登山の時には黄色や黒い色を避け，けががないように長めで動きやすい服装にするなど具体的に考え，検討した服装を実際に着用して写真を撮り，レポートにまとめる。

活動・題材例 2

●めざせ！ファッションコーディネイター

　色や形などの調和や自分らしさを考えた着方の工夫では，同系色の明度や彩度の違う布を用意し，自分の似合う色について実験する。赤とピンク，青と水色など，2枚の布を重ねて顔の下に置き，上の1枚の片側をめくって，どちらの色が似合うかを検討する。太めと細めの縞の布を用意し，太さや縦と横縞の与える印象の違いも，実際に布を当てて実感する。

75

4 衣服の選択と手入れ

○ キーワード

⑦(イ) 次のような知識及び技能を身に付けること。

❶衣服の計画的な活用の必要性,

❷❸衣服の材料や状態に応じた日常着の手入れについて理解し,適切にできること。

≫ 衣服の計画的な活用
≫ 衣服の材料と性質
≫ 日常着の洗濯
≫ 衣服の状態と補修

B 4 ⑦(イ) 学習指導要領を ハヤヨミ

❶衣服の計画的な活用の必要性

衣服の計画的な活用の必要性については,健康・快適だけではなく,資源や環境への配慮の視点から,購入から廃棄までを見通して衣服を購入し,長持ちさせるための手入れや補修の大切さに気付くようにします。また,着用しなくなった衣服の再利用やリサイクルにより,計画的に活用することが必要であることを理解できるようにします。

❷衣服の材料に応じた日常着の手入れ

衣服の材料に応じた日常着の手入れについては,中学生が日常着として着用することの多い綿,毛,ポリエステルなどを取り上げ,丈夫さ,防しわ性,アイロンかけの効果,洗濯による収縮性など,手入れに関わる基本的な性質を理解し,その違いに応じた手入れの仕方が分かり,日常着の洗濯等が適切にできるようにします。

洗濯については,洗剤の働きと衣服の材料に応じた洗剤を適切に選択して使用できるようにします。また,衣服の材料や汚れ方に応じた洗濯の仕方について理解できるようにします。

小学校で学習した手洗いによる洗濯を基礎として,電気洗濯機を用いた洗濯の方法と特徴を理解できるようにします。また,衣服によっては専門業者に依頼する必要性や,手入れをした衣服を適切に収納する必要性にも気付くようにします。

❸衣服の状態に応じた日常着の手入れ

衣服の状態に応じた日常着の手入れについては,衣服を大切にし,長持ちさせるために,例えば,まつり縫いによる裾上げ,ミシン縫いによるほころび直し,スナップ付けなどの補修を取り上げ,その目的と布地に適した方法について理解できるようにします。また,日常の手入れとして,ブラシかけなどが有効であることを理解できるようにします。

よくわかる解説

　資源や環境に配慮する視点とは，衣服の原料や製造，廃棄にかかわる環境問題に気付き，衣服を長持ちさせるための手入れや補修の必要性に目を向けることです。
　衣服の手入れでは，繊維の種類や布の構造（織物と編物）による性質の違いを理解し，繊維に適した洗剤を選択し適切に洗濯できることが大切です。
　小学校で学んだ手洗いを基礎とし，中学校では洗濯機を用いた洗濯の原理を科学的に理解することに重点をおきます。洗濯用水，洗剤，洗濯物に加わる機械力が洗浄力に関わることや，衣服材料と汚れの性質を踏まえた洗濯条件についても理解できるようにします。

指導にあたっては

　衣服の計画的な活用の必要性については，資源や環境に配慮した衣生活について，生徒が具体的に考えることができるよう配慮する。例えば，どのような資源が衣服の原料としてリサイクルされているのかを調べたり，回収された資源が新しい衣服に生まれ変わるまでの一連の流れを調べたりするなどの活動が考えられる。衣服の材料に応じた日常着の手入れについては，実験・実習を取り入れたり，デジタル教材を活用したりするなどして，洗剤の働きなどについて理解できるように配慮する。例えば，洗濯機を用いた実習を通して，洗濯機の水流の強弱等が汚れの落ち方だけでなく，織物や編物などの布の収縮や型くずれに関わっていることを理解したり，部分洗いの効果について気付くようにしたりすることも考えられる。
　また，小学校での学習を踏まえて，身近な環境に配慮した水や洗剤の適切な使い方を考えるようにするなど，持続可能な社会への理解が深まるよう配慮する。

考えられる実践

活動・題材例 1

●洗濯をしよう

① 洗濯実習の計画と記録表を準備する。
② 事前に持ってくるよう伝えた洗濯物を観察し，表示内容，汚れの程度などを記入する。
③ 洗う前，5分後，洗い終わりの3回に分けて洗剤液をビーカーにとり，汚れの落ち具合を観察させる。
④ 干し方を理解する。
⑤ 実習後，記録表を記入する。

4 衣服の選択と手入れ

○ キーワード

イ ❶衣服の選択，❷材料や状態に応じた日常着の手入れの仕方を考え，工夫すること。

》 衣服の選択の仕方
》 日常着の洗濯の仕方

B 4 イ 学習指導要領をハヤヨミ

ここでは，衣服の選択や手入れについての課題を解決するために，アで身に付けた基礎的・基本的な知識及び技能を活用し，健康・快適などの視点から，衣服の選択及び手入れの仕方を考え，工夫することができるようにします。

❶衣服の選択

衣服の選択については，生徒の身近な生活の中から主に既製品の選択，購入に関する問題を見いだし，課題を設定するようにします。

解決方法については，情報機器を活用して調べたり，デジタル教材を参考にしたりする活動や各自の生活経験について意見交流する活動などを通して，適切な衣服の選択について検討できるようにします。

❷材料や状態に応じた日常着の手入れの仕方

材料や状態に応じた日常着の手入れの仕方については，生徒の身近な生活の中から，主に日常着の洗濯に関する問題を見いだし，課題を設定するようにします。

解決方法については，洗剤や洗濯機について，家庭で調べたことを発表する活動や，衣服の材料や洗剤の特性について実験したりする活動を通して，衣服の材料に適した洗剤を選択し，状態に応じた洗濯の仕方について検討できるようにします。

いずれの場合にも，解決方法については，既習事項や自分の生活経験と関連付けて考え，適切な解決方法を選び，実践に向けた具体的な計画を考えることができるようにします。

実践の評価・改善については，計画どおりに実践できたかどうかなどを振り返って評価し，実践発表会などを通して，改善方法について考えることができるようにします。

よくわかる解説

衣服の選択では，表示の意味を理解するだけでなく，購入する場面のロールプレイングを行うなど，体験と討論を組み入れた学習を通して，生活で実践する態度を育成します。

洗濯の仕方については，洗濯での失敗例などを話し合ったり，衣服材料の性能や洗剤の働きを調べる実験を行ったりして，具体的な経験とそれを裏付ける科学的な根拠を確認することが重要です。簡単な実験や実習を通して，日常着の洗濯が適切にできるようにします。

指導にあたっては

解決方法を考え,計画を立てたり,実践したことを評価・改善したりする際,他者との意見交換などを通して,多角的に検討できるよう配慮する。

例えば,日常着の手入れについては,自分の衣服の材料に適した洗剤を選んだり,汚れの状態に応じて洗濯の仕方を考えたり,家庭で実践したりしたことについて,発表したりする活動が考えられる。

考えられる実践

㋐を活用　衣服の汚れ落ちについて調べよう

課題設定
① 衣服の材料や洗剤の特性について知る。
② 衣服の汚れ落ち実験を行う。

【準備するもの】
綿の白布(5cm四方)4枚,ポリエステルの白布(5cm四方)4枚,水性と油性の汚れ(しょうゆ・ラー油),液体洗剤(洗剤濃度は0.1%にする),ふたつきびん,歯ブラシ,タオル,割り箸,綿棒

課題:衣服の汚れ落ちと洗剤の性質,洗い方,汚れの性質と繊維の種類との関係について考える。

計画(実践)
① それぞれの落ち方の予想を立てる。
② 下記の方法で実験を行う。
　(1) 布に汚れの種類を記入する。(しょうゆ2枚,ラー油2枚)
　(2) 汚れを割り箸で布につけ,乾燥させる。
・水性,油性の汚れのついた各1枚は,水をいれたびんに沈ませ,様子をみる。洗剤をいれ(2,3滴)汚れ落ちの比較をするびんをよくふり,汚れの様子を比較する。
・もう1枚の汚れには,洗剤をつけた歯ブラシや綿棒を使って汚れを落とす。

●しみ抜きの仕方

しみのついた面を下にする。

下じきの布は少しずつずらす。

評価・改善
① 観察の結果をまとめる。
② 洗剤による働き,機械力・手洗いによる違い,また天然繊維・化学繊維による汚れの違いなどをまとめ,予想とどう違ったのかを検証する。
③ 実験を終えての振り返りをする。

㋐ ❶製作する物に適した材料や縫い方について理解し，❷用具を安全に取り扱い，製作が適切にできること。

> ○ キーワード
> ≫ 目的に応じた製作
> ≫ 再利用の方法
> ≫ 作業の安全

B 5 ㋐ 学習指導要領をハヤヨミ

❶製作する物に適した材料や縫い方

製作する物に適した材料や縫い方については，布等の材料の特徴を理解し，製作する物に適した材料を選ぶとともに，目的に応じた縫い方や製作方法等について理解できるようにします。また，衣服等を別の用途に作り直したり，デザインを変えたりするなどの，再利用の方法について触れるようにします。

❷用具の安全な取扱い

用具の安全な取扱いについては，製作に使用するミシンについては，小学校での学習を踏まえて，使用前の点検，使用後の手入れとしまい方，簡単な調整方法について理解し，できるようにします。また，ミシンの操作については，姿勢や動作が作業の正確さや能率に関係すること，作業環境の整備が安全に影響することなどにも触れるようにします。アイロンの取扱いについては，(4)のアの(イ)「日常着の手入れ」との関連を図り，布に応じた使い方ができるようにするとともに，火傷等に留意し，使用中，使用後の安全指導の徹底を図るようにします。

> 再利用の方法は新設された事項ですが，どのように取り上げるとよいでしょうか？

よくわかる 解説

布等の材料の特徴を理解し，製作する物に適した材料を選ぶとともに，材料に適した縫い方や製作方法等について理解できるようにします。また，家庭にある布や不用となった衣服等を再利用する方法について，取り上げるようにします。

ミシン縫いについては，小学校で基本的な縫い方や操作方法は学習していますが，ミシンの安全な操作方法や簡単な調整方法については，振り返りを含めて確認することが必要です。アイロンの取扱いについては，材料（繊維）や状態（附属品の有無や施された加工の有無）によって設定温度などの判断ができるようにするとともに，安全な取扱いについても確実にできるように徹底することが大切です。

指導にあたっては

小学校で学習した手縫いやミシン縫いなどの基礎的・基本的な知識及び技能を発展させ，効果的に活用したりして製作できるよう配慮する。

例えば，様々な種類の布や縫い方の見本を参考にして，製作の用途に適した布や縫い方について話し合う活動等が考えられる。また，衣服等を再利用した物を製作することも考えられる。再利用の方法については，地域の高齢者や専門家などから教えてもらう活動なども考えられる。

考えられる実践

活動・題材例 1

●布の種類を知ろう

布地の特徴を知るために実際に身近にある生地を観察します。グループになり，感想や意見を発表する。
○シーチング　○ブロード　○シャンブレー　○ダンガリー
○カツラギ　○デニム　など
布の縦，横，斜め方向の特性とみみや裏表の見分け方について知ると共に，ワークシートなどを用いて比較してわかったことをまとめる。

活動・題材例 2

●不用になった衣類での再利用方法を調べよう

着なくなった衣類や使わなくなったタオルやシーツなどを再利用する取り組みについて調べる。住んでいる地域の自治体や企業の取り組みなどを調べ，レポートにまとめる。実際に取り組みを行っている方をゲストティーチャーとして学校に招き，講演会などを開催し，活動内容について聞く。事前に質問事項等を用意し，自分にできることを考える。

・ゲストティーチャーからは学習内容に関連した最新の技術や社会の動きを知ることができる。

私の会社では，不用衣類からペレット状の合成繊維を再生し再び衣類に使えるようにしています。

B 衣食住の生活

5 生活を豊かにするための布を用いた製作

イ 資源や環境に配慮し，生活を豊かにするために布を用いた物の製作計画を考え，製作を工夫すること。

○ キーワード
》 生活を豊かにする工夫
》 資源や環境に配慮した製作

B 5 イ 学習指導要領を ハヤヨミ

ここでは，資源や環境に配慮し，生活を豊かにするための布を用いた物の製作についての課題を解決するために，アで身に付けた基礎的・基本的な知識及び技能を活用し，快適・安全，持続可能な社会の構築などの視点から，製作計画を考え，製作を工夫することができるようにします。

布を用いた物の製作計画や製作については，生徒の身近な生活の中から，自分や家族，地域の人々の生活を豊かにすることや，資源や環境に配慮することに関する課題を設定するようにします。

解決方法については，情報機器を活用して，衣服等の再利用の方法，布を無駄なく使う方法などについて調べる活動を通して，環境や資源に配慮した製作について検討できるようにします。その際，既習事項や自分の生活経験と関連付けて考え，適切な解決方法を選び，製作に向けて具体的に計画を立てることができるようにします。また，生徒が製作の目的を明確にもち，個性や工夫が生かせるよう配慮します。

製作の評価・改善については，計画どおりに製作できたかどうかなどを振り返って評価し，実践発表会などを通して，改善方法について考えることができるようにします。

よくわかる 解説

資源や環境に配慮し，自分や家族，地域の人々の生活を豊かにするという目的を明確にして，簡単な衣服や小物等を製作します。生活を豊かにする視点や，資源・環境に配慮する視点について考え，製作計画にむすびつけ，製作を工夫することが必要です。

例えば，生活が快適で便利になることや無駄が少なくなること，家族が喜ぶことなど，様々な視点から製作品や具体的な工夫が考えられるようになることが大切です。

また，家庭にある布や不用となった衣服等を用いて，別の用途に再利用したり，布を無駄なく使ったりして製作するなど，資源や環境に配慮した製作について工夫する必要があります。さらに，生徒が自分のアイディアを形にして工夫できるようにすることが大切です。

指導にあたっては

解決方法を考え，計画を立てたり，製作について評価・改善したりする際，他者との意見交換などを通して，多角的に検討できるよう配慮する。また，製作を通して，成就感を味わうとともに，自分や家族，地域の人々の生活を豊かにすることの大切さを実感できるよう配慮する。さらに，製作品を活用することを通して，資源や環境を大切にしようとする態度の育成につなげるよう配慮する。

考えられる実践

㋐を活用 使用していない衣服を利用したリフォームをしよう

課題設定
① 自分のもっている服を「よく着るもの」と「あまり着ないもの」に分けワークシートに記録する。
② 「あまり着ないもの」の中からリフォームするものを選択する。

課題：使用していないTシャツを利用してバッグをつくろう。

この服は着心地もいいし，色や形も気に入っているんだ！

この服は，他の服と合わせにくいし，あまり着てないなぁ。

計画（実践）
① 使用目的や使いやすさなどを考え，デザインを決め製作の計画をワークシートにまとめる。
　例：①買い物で使える折りたためるバッグ
　例：②幼児がごっこ遊びで使える小さいバッグ
② 採寸をする。
③ 製作するものに適した糸や針を選び，材料・用具を準備する。
④ 裁断としるしつけをする。
⑤ 縫う。
⑥ 糸のしまつをしたり，不備なところがないか点検し，アイロンをかけて仕上げる。

評価・改善
① 製作した作品のポイントなどをワークシートにまとめる。
② クラスで発表する。
③ よい点や改善点などの意見をもらい，作品の振り返りを行う。

B 衣食住の生活

1 不用になった ハンカチ・バンダナで弁当袋

材料
- ハンカチまたはバンダナ:42cm×42cmを1枚または2枚
- ひも:1.6m

つくり方

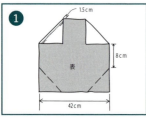
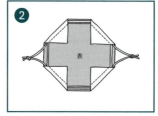

できあがり

四すみを折り,端から1.5cmのところを縫う。途中の角のところは返し縫いをする。

ひもを80cmずつにカットして図のように両端から通して端を結ぶ。

2 ジーンズから 子ども用のリュックサック

材料
- 着古したジーンズ
- 別布　●ひも

つくり方

ジーンズを,またのところで切り取り,縫い合わせる。そのとき,背負いひもを通すために,短いひもを輪にしてはさみ,いっしょに縫う。

別布は,ジーンズの胴囲に合う幅に裁断し,ひも通し部分などを縫う。

別布とジーンズとを縫い合わせる。

別布に背負いひもを通し,底の輪にも通して結ぶ。

できあがり

3 「かさ」の布地を利用した エコバッグ

材料
- かさ（かさの骨を外すとき，布地や縫い目を傷つけないようにする。）
- 同色の糸　● スナップボタン　など

つくり方

① かさの布は，中表になるようにして半分に折る。ふくろの底は40cmくらいがよい。
② 中心部からふくろ本体，両脇から持ち手が取れるように，縫い線のしるしをつける。
③ ふくろ本体の両脇を縫う。縫い始めと縫い終わりは，返し縫いをする。
④ 次に，ふくろ本体の底になる部分を補強するために，縫う。
⑤ ふくろ本体の縫いしろを1cm程残して布を切る。
（ほつれないので縫いしろは切ったままでよい。）

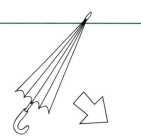

できあがり

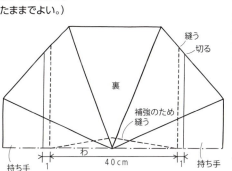

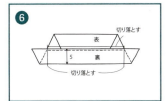

両脇の端布の部分から，ふくろの持ち手をつくる。(2本)
持ち手の長さができるだけ長くなるように，端布を広げて置き，二つ折りにする。幅は5cmぐらいになるように，縫う。

（注意）
布が凹凸で不安定なのでアイロンで伸ばし，ミシンで縫う時も布を伸ばしながら縫うと，使用している時糸切れがない。縫い終わってから不用部分を切り落とす。

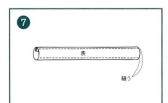

持ち手用の布を裏返して縫う。
（押さえミシン）

ふくろの入り口部分を裏側に折る。この時，持ち手用の布をはさんでいっしょに縫う。

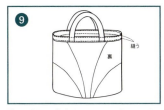

持ち手用の布をおこして，さらにふくろの端といっしょに縫う。

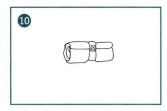

ふくろを折りたたんだときに，とめるしかけをつくる。(注意)かさの閉じひもを利用できる。また，❻の残り布を利用してつくることができる。

授業展開例　浴衣にTRY!

本時の目標
- 浴衣の着装を通して和装のよさを体感する。
- 衣の伝統文化への関心を高め，学んだことを今後の生活に生かそうとする態度を養う。

主な学習活動	指導上の留意点
導入　《ゲストティーチャーを招いて行う場合》　2時間扱い ※この授業を1時間で行う場合は，保護者などの協力が必要です。 ● ゲストティーチャー（講師，ボランティアの保護者など）の紹介と生徒の挨拶を行う。 ● 本時の学習課題を確認する。 ● 本時の授業の流れを知る。 （20分） 	● 生徒は事前に体操着に着替えておく。髪の長い生徒は髪を束ねておくように伝える。 ● 授業開始前にサイズ別に浴衣一式を配布しておく。体格のよい生徒への配慮も行う。 　男子（浴衣・腰ひも1本・角帯・ピンチ） 　女子（浴衣・腰ひも2本・伊達締め・ 　　　帯板・半幅帯・ピンチ） ＊ NPO団体や他の教育機関から浴衣を借用することも可能である。 ● 生徒は背の順に並び，座る。
展開 ● ゲストティーチャーを中心に円になり，浴衣の着付けの説明や師範を見ながら浴衣を着る。また，着付け方を理解する。 （40分） ● レポート用の個人写真の撮影を行う。 ● 撮影が済み次第，鏡で自分の着物姿を確認する。 ● 着崩れた時の直し方や所作（作法）の指導を受ける。 （20分）	● 男子は1グループ10名，女子は5名前後の編成で指導を受ける。 ● 着用ができ次第，生徒同士でデジタルカメラ，タブレットで撮影を行う。 ● 事前の学習で課題を提示しておき，グループで課題に取り組めるようにする。 ● 日常の動作（座る・立つ・手を伸ばす・歩く・お辞儀をするなど）や洋服着用時との違いや着心地などを観察するよう伝える。
まとめ ● 浴衣を脱いで，たたむ。浴衣と帯，腰ひも等を揃え，自分の前に置く。 ● 感想，お礼の言葉を発表する。 ● ゲストティーチャーの講評を聞く。 （20分）	● 和服が平面構成であることを確認する。 ● 浴衣着用レポートを掲示し，情報の共有を図る。 **評価の例** ○ 浴衣の着用や衣の伝統文化に関心をもち，学んだことを今後の生活に生かそうとしている。

主な学習活動	指導上の留意点
導入 ● 本時の学習課題を確認する。 ● 本時の授業の流れを知る。 （5分）	《教師が中心となって行う場合》 ● 生徒は事前に体操着に着替えておく。髪の長い生徒は髪を束ねておくように伝える。 ● 浴衣はサイズ別に揃え，机上に準備する。 ● 帯，帯締めは色別に机上に準備する。 ● 事前に保護者ボランティアを募っておく。
展開 ● グループでモデルを決める。 ● 着付けの説明と師範を行う。 ● 浴衣の柄と浴衣に合う帯の色を決める。 ● グループで協力しながら，モデル生徒に浴衣を着用させる。 ● 日常の動作（座る・立つ・手を伸ばす・歩く・お辞儀をするなど）を行い，洋服着用時との違いや着心地などを観察する。 ● 着崩れた時の直し方や所作（作法）の指導を受ける。 （35分）	● 男女別3〜4人のグループを事前につくる。 ● 保護者の協力が得られる場合は男女別に説明を行う。 ● 帯の結び方に慣れていない場合は兵児帯を用いる。 ● モデル生徒に似合う柄や色の選択をする。（個性を生かす着用の復習） ● 浴衣の着用手順の図解資料や写真の掲示や配布，またはタブレットなどの視聴覚機材で繰り返し着用方法が確認できる動画を準備するとよい。 ● ワークシートを配布し，気が付いたことを記入する。 **評価の例** ○ 浴衣の着用に興味をもち，説明や師範を参考にして仲間と協力して着用しようとしている。
まとめ ● 浴衣を脱いで，たたむ。 ● 所定の場所に浴衣，帯を返却する。 ● グループごとに感想をまとめる。 （10分）	● 和服が平面構成の衣服であることを再度確認する。 ● しわにならないよう，丁寧にたたむように注意する。 ● 今後の衣生活での活用を呼びかける。 **評価の例** ○ 衣の伝統文化に関心をもち，学んだことを今後の生活に生かそうとしている。

【事前の授業】では　①視聴覚機器を活用し，和装文化と生活との関わりについて紹介する。
　　　　　　　　②洋服と和服の違いを比較する。（衣服構成・着用・活動・エコなどの視点）
　　　　　　　　③浴衣の歴史　④右前と左前　⑤和服の柄の意味などについて学んでおくとよい。
【事後の学習】では　①レポートを掲示し，学びの共有を行う。
　　　　　　　　②「和柄の生地を用いた生活に役立つ物づくり」や「生活の課題と実践」などにつなげることも考えられる。

 **本時の目標**
- 材料の良さを活かしたリメイク方法を工夫する。
- グループで意見交換を通して,工夫を広げたり,深めたりしてより良いリメイク計画を立てる。
- リメイクで生活を豊かにしようと意欲的に取り組む。

主な学習活動	指導上の留意点
導入 **1 学習(題材)の目的や内容,時間を知る。** ● リメイクは,資源を大切にして持続可能な社会をつくることにつながることを知る。 ・計画:1時間(本時) ・製作:2時間 ・発表:1時間 **2 本時の目標と流れを知る。** 本時の目標「より良いリメイクの計画を立てる」 (5分)	● リメイクに使う材料(不要になった服など)を各自用意させる。 ・材料の準備には,時間と家庭の協力が必要なので,あらかじめ「家庭分野だより」などで知らせておく。材料が準備できない生徒もいるので,地域や家庭に協力を依頼し,ある程度の材料を用意しておく。 ● プレゼンソフトなどを活用して説明する。 ● 本時の目標・流れ(時間配分)は,常に生徒が意識できるように板書もするとよい。
展開 **3 リメイクのポイントを知る。** ● 材料を活かす工夫がある。 ・材料の良い点を活かす工夫 ・いくつかの材料の組み合わせの工夫 ● 製作を簡単にする工夫がある。 ・短時間で完成させる工夫 ● 生活を豊かにする工夫がある。 ・快適・便利・安全などの工夫 ● きれいに仕上げる。 (8分) **4 リメイク案を考える。** ● 自分が用意した材料の活かしたいところ ● 誰のための何をつくりたいか ● 生活の豊かさとのつながり ● 簡単なつくり方 ● 完成図 ● 工夫したこと,相談したいこと (12分)	● プレゼンソフトを活用し,リメイクの例を紹介しながら,ポイントを説明する。ワークシートにメモさせる。 ● 「リメイクのポイント」が作品の評価規準になることを伝える。 ● 今回は製作時間2時間であることを確認させる。 ・多くの時間をかけるリメイクもよいが,これからの生活の中で,日常的にリメイクできる資質・能力・心情を育むため,簡単な作業で短時間に完成させるリメイクにする。 ● ワークシートに記入させる。 ・記入の仕方をモニターなどで確認させる。 ● 時間がある生徒には,2つ以上考えさせる。

主な学習活動	指導上の留意点

5 グループで意見交換する。

- 自分の考えたリメイク案をグループに提案し,良い点や改善策などの意見を交換する。
- 他の人の意見やアイディアは赤ペンでワークシートにメモをする。

《意見交換の視点》
- ・材料を活かしているか。
- ・製作が簡単か,時間内に製作可能か。
- ・より良くするにはどうしたらよいか。

(15分)

- 4〜5人のグループを指定する。時間短縮のため,提案順を指定する。(例:「グループの最前列・右側の人がら右回りに提案」)
- タイマーを用意し,一人の持ち時間は3分とし,進行は教師が行う。

まとめ

6 意見交換を受けて,リメイクの計画をワークシートに完成させる。
(8分)

7 振り返りをする。
(2分)

- 次回必要な材料や道具を確認させる。
- 時間配分も考えさせる。

評 価 の 例

○ 材料の良さを活かしたリメイク方法を工夫できたか。
○ 話し合いを通してより良いリメイク計画を立てることができたか。
○ リメイクで生活を豊かにしようと意欲的に取り組むことができたか。

B

衣食住の生活

ワークシート

89

6 住居の機能と安全な住まい方

○ キーワード

㋐(ア) 次のような知識を身に付けること。
❶家族の生活と住空間との関わりが分かり，❷住居の基本的な機能について理解すること。

》 住居の基本的な機能
》 家族の住空間
》 日本の伝統的な住様式

B 6 ㋐(ア) 学習指導要領をハヤヨミ

❶家族の生活と住空間との関わりに

家族の生活と住空間との関わりについては，家族がどのような生活を重視するのかによって，住空間の使い方が異なることを理解できるようにします。また，家族が共に暮らすためには，住生活に対する思いや願いを互いに尊重しながら調整して住空間を整える必要があることを理解できるようにします。さらに，畳，座卓，座布団などを用いた我が国の座式の住まい方が現代の住居に受け継がれていることが分かり，現代の住居には和式と洋式を組み合わせた住空間の使い方の工夫があることに気付くようにします。その際，小学校における季節の変化に合わせた住まい方の学習を踏まえて，我が国の伝統的な住宅や住まい方に見られる様々な知恵に気付き，生活文化を継承する大切さに気付くようにします。和式と洋式については，布団とベッドによる就寝の形態や，押入れとクローゼットによる収納の形態などにも触れるようにします。

❷住居の基本的な機能

住居の基本的な機能については，家族の生活と住空間との関わりを考えることを通して，住居は家族の安定した居場所であることを理解できるようにします。その際，小学校の学習における，雨や風，暑さ・寒さなどの過酷な自然から人々を守る生活の器としての働きに加え，中学校では主として心身の安らぎと健康を維持する働き，子どもが育つ基盤としての働きなどがあることを理解できるようにします。また，住居の基本的な機能を充たすために，住居には，共同生活の空間，個人生活の空間などが必要であることを理解できるようにします。

よくわかる解説

今回の改訂により，日本の伝統的な住様式についての学習がより充実されました。これは，我が国の伝統的な住宅や住まい方を継承することが大切であることを子どもたちに気付かせるのがねらいです。
　住居の基本的な機能については，簡単な図などを活用して，家族の住空間の使い方を具体的に考え，Aの内容の（1）の家族・家庭の基本的な機能と住居の基本的な機能とを関連させながら導き出す学習を充実させます。

指導にあたっては

住空間を想像できるような簡単な図や写真，動画などを用いて，家族の生活と住空間との関わりについて具体的に考えることができるよう配慮する。例えば，住居の機能に気付かせるために，家族を想定し，間取りが分かるような簡単な図などを活用して，家族の生活行為がどのような住空間で行われているのか，家具などをどのように配置するのかを話し合う活動などが考えられる。

なお，住生活の学習については，生徒の住まいに係るプライバシーに十分配慮する。

考えられる実践

活動・題材例 1

● 家族の行動をシミュレーションしてみよう

住空間の図を使って家族がどのような行動を行っているかを考える。グループの中で，想定された家族の一人として，1日の生活行動の動線を記入し，グループごとに家族の動線がどこに集中するかをまとめる。それぞれの空間の役割を押さえるとともに，生理・衛生の空間など共同生活の空間は，家族全員が利用しやすい場所につくられる場合が多いことなどに気付く。

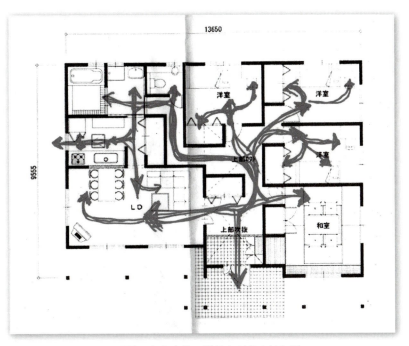

▲間取りから家族の動線を考えさせた例

6 住居の機能と安全な住まい方

○ キーワード

㋐(イ) 次のような知識を身に付けること。
家庭内の事故の防ぎ方など❶家族の安全を考えた住空間の整え方について理解すること。

》 家庭内の事故
》 室内の空気汚染
》 自然災害

B 6 ㋐(イ) 学習指導要領をハヤヨミ

❶家族の安全を考えた住空間の整え方

　家庭内の事故の防ぎ方など家族の安全を考えた住空間の整え方については，幼児や高齢者など様々な年齢の家族員によって構成される家族が，住居内で安全に生活できるよう住空間を整える必要があることについて理解できるようにします。家庭内の事故については，幼児や高齢者に起きることが多い事故を取り上げ，事故の要因と対策としての安全管理の方法について理解できるようにします。例えば，高齢者については，身体の機能の低下に応じて段差をなくしたり，手すりを付けたりすることやトイレ・浴室において配慮すること，さらに照明を明るくする必要があることなどに気付くようにします。幼児については，幼児の目の高さで安全点検をしたり，落下防止のために手すりや柵の高さに配慮したりすることのほかに，さわったり口に入れたりしては困るものを手の届くところに置かないように配慮することなどに気付くようにします。また，室内の空気環境が家族の健康に及ぼす影響として，一酸化炭素や化学物質などによる空気汚染についても取り上げ，室内の空気を清浄に保つことによって安全な室内の環境を整えることができることに気付くようにします。

　自然災害については，地域の実態に応じて過去の災害の例を取り上げることなどが考えられます。例えば，地震の場合は，家具の転倒・落下・移動などの危険を予測し，危険な箇所を見付け出すことができるようにします。その上で，家族が怪我をしたり，避難の妨げとなったり，二次災害としての火災が発生したりしないよう，家具の置き方や家具を倒れにくくする方法などについて理解できるようにします。

よくわかる解説

　家庭内の事故の防ぎ方，室内の空気環境の整え方，自然災害に備えた住空間の整え方は，いずれも危険の要因と対策との関係性について理解できるようにします。その際，Aの内容の幼児の発達及び高齢者の身体の特徴との関連を図り，幼児や高齢者が危険に遭遇する状況を想定し，様々な年齢の家族員によって構成される家族の住空間が安全に保たれている様々な工夫があることを写真や動画，簡単な図などを用いて，学びます。

指導にあたっては

写真や動画，簡単な図などを用いて，家庭内の事故や自然災害への対策としての住空間の整え方について具体的に考えることができるよう配慮する。例えば，室内の写真などから危険な箇所を見付けて住空間の図に書き込み，それを基に必要な備えとして住空間の整え方を検討する活動などが考えられる。また，家庭内の事故については，幼児や高齢者などの疑似体験を通して，事故が起きる状況を想定し，具体的な対策について理解を深める活動なども考えられる。

この学習では，保健体育科など他教科等で行う防災に関する学習との関連を図ることも考えられる。

B

衣食住の生活

考えられる実践

活動・題材例 1

●住まいの安全について考えよう

家庭内の事故の内訳などから，住まいの中での危険を予測する。また，家族それぞれの体や行動の特徴を理解し，事故の原因を考える。例えば，絵本「ヒヤリハットさんちに行ってみよう!」の室内写真から危険な箇所を見つけ，なぜ危険であるか書き出す。グループで危険な箇所を発表し合い，改善策を考える。

活動・題材例 2

●高齢者や幼児を学校に迎えるための安全点検

中学校にゲストとして，高齢者や幼児を迎えることを想定して，安全対策のための点検をする。

【高齢者の身体的変化の特徴】

・視力の低下

・脚力の低下ですり足歩行

・平行感覚の低下

・トイレに行く回数の増加

・骨がもろく，骨折しやすい

【幼児の体と動きの特徴】

・活動が活発

・何にでも興味を示し，さわったり，引っ張ったり，口に入れたりする。

・1-2歳児の口の直径は約32mmで，これを通る大きさは誤飲の可能性がある。

6 住居の機能と安全な住まい方

(イ) 家族の安全を考えた住空間の整え方について考え，工夫すること。

○ キーワード
- 安全な住まい方
- 問題解決的な学習
- 家庭や地域での危険
- アの知識を活用

B 6 (イ) 学習指導要領をハヤヨミ

　ここでは，安全な住まい方についての課題を解決するために，アで身に付けた基礎的・基本的な知識を活用し，安全などの視点から，住空間の整え方について考え，工夫することができるようにします。

　課題については，家庭や地域での生活の中から，安全な住まい方に関する問題を見いだし，その中から設定するようにします。

　解決方法については，情報機器を活用して家庭内の事故を防ぐ方法や自然災害に備える方法について調べたり，幼児や高齢者がいる家族にインタビューしたりするなど，より安全な住空間の整え方について様々な視点から情報を収集して検討できるようにします。また，家庭分野及び他教科等の既習事項や，自分の生活経験と関連付けて考え，適切な解決方法を選び，具体的に住空間の安全計画を立てることができるようにします。

　安全計画の評価・改善については，課題の解決が十分に図られているかなどについて振り返って評価し，計画の改善について考えることができるようにします。

よくわかる解説

　家庭や地域での生活の中から，命や怪我にかかわる危険や健康を損なう危険などを想定し，どうすれば住空間が安全な場所になるかなどを考え，発表し合い，問題解決型学習を行います。情報機器の活用，専門家や経験者へのインタビューなどを通して様々な情報をもとに解決方法を探り，それらの交流活動を通して生徒の安全に対する見方・考え方を広げます。そして，安心・安全な生活が保たれることの大切さの理解を深め，未来の社会における安全な住生活の在り方を探ります。

指導にあたっては

解決方法を考えたり，計画を立てて評価・改善したりする際，他者との意見交換などを通して，多角的に検討できるよう配慮する。例えば，家庭内の事故の防ぎ方に関する知識を活用し，家族の年齢構成などに合わせて安全対策を実践したり，家族が利用する地域内の施設の安全点検をしたりする活動などが考えられる。また，自然災害への備えについては，各家庭の避難マップや災害時の行動マニュアルを作成する活動などが考えられる。

なお，住生活の学習については，生徒の住まいに係るプライバシーに十分配慮する。

考えられる実践

● 避難マップを作成しよう

課題設定
① 住んでいる地域のハザードマップを見る。
（ハザードマップとは自然災害による被害を予測し，その被害範囲を地図で表したもの。）
② 想定されている災害を知り，避難の必要性に気付く。

> 課題：我が家の避難マップを作成する。

災害が起こったら，家族はどこにどう避難すればよいだろう

計画（実践）
① ハザードマップから，住んでいる地域で想定されている災害と影響を及ぼす範囲や程度について確認する。
② 避難所について確認し，自宅から避難所までの危険が想定される場所にしるしをつける。
③ 自宅から避難所までの安全で確実な避難経路を検討し，経路を移動手段別に書き，避難マップを作成する。

評価・改善
① グループで各自の避難マップを発表する。
② 発表の内容について意見を出し合う。
③ 出た意見から避難マップの修正や加筆を行う

本時の目標
- 仲間の安全対策について，積極的にアイデアを検討し提案する。
- 各自の家庭の台所を安全にするための解決策を工夫する。

※この授業は，「家族の安全を考えた住空間の整え方」について学習していることを前提とする。

主な学習活動	指導上の留意点
① **前時の振り返り** ★ 家族が安全に住まうための視点の確認 ・室内の整備 ・家族の構成と事故の原因 ・バリアフリーなど **本時の学習内容の確認** (5分)	● 前時，または家族の安全についての授業を終えた後に，各自課題として「我が家の安全点検」についてチェックリストをもとに点検を行わせ授業に臨ませる。 ● 安全が確保されていない住まいの例を出す。 ● 各家庭全体の課題解決は広範囲にわたると共に，各家庭のプライバシーに配慮する事を考え，どの家庭にもあり，かつ危険な事例が考えやすい台所を中心として考える。

台所の安全対策について，互いのアイデアを検討しよう

② **台所について個々に検討する。** (5分)	● 安全に暮らすための要素を点検表からピックアップ+αで考える。 ● 生活行為として行われる内容を考えさせながら，予想される危険を考えさせる。また普段の場合のみでなく，地震などの災害時についても考えさせたい。 ● 火元，台所ならではの危険性を具体的に挙げさせる。
③ **改善策を考える。** (10分) **評価の例** ○ 自分の課題として課題意識をもって記入しているかどうか。	● 挙がった項目をもとに，自分の家での課題を具体的にまとめる。 ・自力でできる内容である。 ・家族の協力を得てできる事柄である。 ・なるべく費用をかけず自分の力でできる。 　以上のような点を土台とし，具体的な提案を考える。 ● 家族構成により（高齢者がいるなど）配慮や改善策が異なることに気が付かせる。

主な学習活動	指導上の留意点
④ **小グループに分かれ，検討を行う。** ● メンバーの案の中で，一番「なるほど」と思った内容について，プリントに記入する。 　　　　　　　　　　　　（15分）	● 「気が付いた点」「家族人数や構成に関わって配慮すること」「実際に出来そうなこと」などについて3〜4人のグループで具体案を提示し，ジグソー学習などを取り入れながら各視点について意見を交流しあう。 ● プライバシーに触れないような簡単な図面に記入させるなどの工夫をし，互いの提案を早く共有させる工夫を取りたい。

評価の例

○ 様々な視点から見て，課題解決が可能な内容が記述されているか。
○ 相手の意見についてプリントに記述しているか。

⑤ **意見の交流を行う。** 　　　　　　　　　　　　（10分）	● メンバーに言われて気が付いた点，自信が無かったが認められて確信をもてた部分などについて，学級で意見を交流する。
⑥ **授業の振り返りを行い，まとめてとして発表する。** 　　　　　　　　　　　　（5分）	● 本時の授業について振り返り，どのように安全について振り返ることができたかをプリントに記入する。 ● 台所の場合，足場や作業場を確保するための整理整頓や，危険物の置き場の工夫だけでも安全が保たれることを，高齢者や幼児の生活行動から知る。

B 衣食住の生活

7 衣食住の生活についての課題と実践

ア 食生活，衣生活，住生活の中から問題を見いだして課題を設定し，その解決に向けてよりよい生活を考え，計画を立てて実践できること。

○ キーワード
- 家庭科の学習過程
- AやCの内容との関連
- 実践的な活動
- 家庭や地域社会と連携

B 7 ア 学習指導要領をハヤヨミ

食生活，衣食住，住生活の中から問題を見いだして課題を設定しについては，(1)から(6)の項目それぞれの指導事項ア及びイで身に付けた知識及び技能などや，生活経験を基に問題を見いだし，生徒の興味・関心等に応じて「A家族・家庭生活」や「C消費生活・環境」の内容と関連させて課題を設定できるようにします。

その解決に向けてよりよい生活を考え，計画を立てて実践できることについては，設定した課題に関わり，これまでの学習で身に付けた知識及び技能などを活用して，計画を立てて家庭や地域などで実践できるようにします。

また，実践後は，課題解決に向けた一連の活動を振り返って評価し，更によりよい生活にするための新たな課題を見付け，次の実践につなげることができるようにします。

Aの内容やCの内容などと関連させて課題を設定するのでしょうか。

よくわかる解説

B衣食住の生活は「健康・快適・安全」を守ることや「生活文化の継承」が重要であるという視点から，主に「もの・こと」を捉え考察することを重視しています。「協力・協働」から捉える「A家族・家庭生活」や「持続可能な社会の構築」を促進することから捉える「C消費生活・環境」との関連を図り，生活の営みに係る見方・考え方の視点をより多角的に働かせることで，家庭生活をより総合的に捉えられるようにします。生活での実践を通して，自分の判断や行動がよりよい家庭や地域をつくることにつながることが自覚できるように指導することが大切です。

指導にあたっては

　衣食住の生活を見直して課題を設定し、計画、実践、評価・改善という一連の学習活動を重視し、問題解決的な学習を進めるようにする。その際、計画をグループで発表し合ったり、実践発表会を設けたりすることなどの活動を工夫して、効果的に実践できるようにする。また、家庭や地域社会との連携を図り、実践的な活動を行うことができるよう配慮するとともに、家庭や地域で実践する意義についても気付くことができるようにする。

　例えば、(3)「日常食の調理と地域の食文化」とC(2)「消費者の権利と責任」との関連を図り、環境に配慮して調理することを課題として設定し、計画を立てて実践する活動などが考えられる。また、(5)「生活を豊かにするための布を用いた製作」とA(2)「幼児の生活と家族」との関連を図り、幼児の生活を豊かにすることを課題として設定し、衣服を再利用した幼児の生活に役立つ物等の製作について計画を立てて実践する活動なども考えられる。

　さらに、(6)「住居の機能と安全な住まい方」とA(2)「幼児の生活と家族」やA(3)「家族・家庭や地域との関わり」との関連を図り、幼児や高齢者などの家族が安全で快適に生活することを課題として設定し、住空間の整え方について計画を立てて実践する活動などが考えられる。

考えられる実践

活動・題材例 1
●地域の食材を使ってエコクッキング

　地域でとれる野菜を調べ、その野菜を使ってむだのない料理をつくる。事前に廃棄の部分を減らす工夫などを考え、料理のポイントなどをまとめる。実際に調理し、写真や感想をレポートにする。

活動・題材例 2
●不用になった衣類で幼児のおもちゃをつくろう

　使わなくなったタオルやシーツなどを活用して、幼児のおもちゃにつくりかえる。つくったものは触れ合い体験のときなどに幼児と一緒に遊び幼児の反応を観察する。触れ合い体験ができない場合はつくった作品をクラスで発表する。

活動・題材例 3
●住まいの安全対策を確認しよう

　自分の家は地震対策ができているか、幼児や高齢者が我が家で生活していくための安全対策はとられているかなどを点検する。点検する日程を決め、点検の観点を表にし、壁新聞などにまとめ、家族に報告する。家族に感想を書いてもらう。

1 金銭の管理と購入

○ キーワード

㋐(ア) 次のような知識及び技能を身に付けること。
❶❷購入方法や支払い方法の特徴が分かり，❸計画的な金銭管理の必要性について理解すること。

≫ 購入方法の特徴
≫ 支払い方法の特徴
≫ 収支のバランス
≫ 計画的な金銭管理

C 1 ㋐(ア) 学習指導要領を ハヤヨミ

❶購入方法の特徴　購入方法の特徴については，インターネットを介した通信販売などの無店舗販売を取り上げ，利点と問題点について理解できるようにします。

❷支払い方法の特徴　支払い方法の特徴については，支払い時期（前払い，即時払い，後払い）の違いによる特徴が分かるようにするとともに，クレジットカードによる三者間契約を取り上げ，二者間契約と比較しながら利点と問題点について理解できるようにします。

❸計画的な金銭管理の必要性　計画的な金銭管理の必要性については，収支のバランスを図るために，生活に必要な物資・サービスについての金銭の流れを把握し，多様な支払い方法に応じた計画的な金銭管理が必要であることを理解できるようにします。

　その際，収支のバランスが崩れた場合には，まず，物資・サービスが必要かどうかを判断し，必要なものについて優先順位を考慮した調整が重要であることを理解できるようにします。また，生活に必要な物資・サービスには，衣食住や，電気，ガス，水，交通などの必需的なものや，教養娯楽や趣味に係る支出のように選択的なものがあることに気付くようにします。

よくわかる 解説

　購入方法・支払い方法の特徴は，小学校での既習事項（店舗における現金による即時払い）を踏まえ，通信販売などの無店舗におけるクレジットカードによる後払いを取り上げ，両者を比較しながら利点と問題点について整理します。

　現行の学習指導要領では，金銭管理に関する学習内容が含まれていませんでしたが，このたびの改訂で新設されました。キャッシュレス化した見えない金銭の流れを把握し，収支のバランスを図るにはどうしたらよいか考えさせたいところです。例えば，限られた収入の中で，必需的支出と選択的支出を整理したり，優先順位を考えて調整したりする活動を通して，多様化した支払い方法に応じた計画的な金銭管理の必要性について理解させましょう。

指導にあたっては

　　購入方法や支払方法については, 小学校における現金による店舗販売に関する学習を踏まえ, 中学生の身近な消費行動と関連を図って扱うようにする。計画的な金銭管理については, 生活に必要な物資・サービスの購入や支払い場面を具体的に想定して学習を展開するよう配慮し, 高等学校における長期的な経済計画や家計収支等についての学習につながるようにする。

　例えば, 自分や家族が毎日生活するために消費している物資・サービスを具体的に挙げ, それらの優先順位を考えて分類し, 限られた収入をどのように使うのかをグループで話し合い, 調整するなどの活動が考えられる。

　　この学習では, 社会科〔公民的分野〕「現代社会を捉える枠組み」「市場の働きと経済」などとの関連を図るよう配慮する。また, 購入方法や支払い方法の学習でインターネットを介した通信販売を扱う際には, 技術分野の「個人情報の保護の必要性」の学習との関連を図るようにする。

消費生活・環境

考えられる実践

活動・題材例 1

●販売方法の利点や問題点を考えよう

　消費行動(どのような商品をどのような方法で購入したのか)について発表し, 商品を購入する時にどんなことを感じたか, ワークシートなどに記入する。例えば, 不安だったこと, 安心できたこと, 実際に商品を使用し, 商品への満足度はどうか, 適正な価格であったと思うか, 家族の反応はどうであったかなどについての意見をクラスで共有する。この内容についてグループで話し合い, 販売方法の利点や問題点を比較する。

活動・題材例 2

●支払い方法を知ろう

　「物資」や「サービス」を普段どのように購入しているか生活場面を思い出し, 支払い方法を挙げる。前払い, 即時払い, 後払いががあることに気付き, 種類や支払い方法のしくみ, それぞれの注意点を書き出し, 比較する。

	前払い	即時払い	後払い
種類	・プリペイド型の電子マネー ・図書カードや商品券 ・回数券	・現金 ・デビットカード	・クレジットカード ・分割払い ・口座払い
支払い方法のしくみ	使用前に, 実際に使用できる範囲の金額を支払う。	購入した商品と引き換えに代金を現金やデビットカードで支払う	代金の支払いを一括または分割で, 支払い期日までに支払う。
注意点	・確実に商品を入手できるか。 ・使用期限があるものがある。	・決められた(所有している)金額でしか買い物ができない。	・手数料や利子が加わることがある。 ・現金がなくても買い物ができるため, 使い過ぎてしまう可能性がある。

101

1 金銭の管理と購入

○ キーワード

㋐(イ) 次のような知識及び技能を身に付けること。

❶売買契約の仕組み, ❷消費者被害の背景とその❸対応について理解し, ❹物資・サービスの選択に必要な情報の収集・整理が適切にできること。

≫ 売買契約の仕組み
≫ 消費者被害の背景
≫ 消費者被害への対応
≫ 情報収集・整理

C 1 ㋐(イ) 学習指導要領を ハヤヨミ

❶ 売買契約の仕組み

売買契約の仕組みについては, 小学校における「買物の仕組み」の学習を踏まえ, 契約が法律に則った決まりであり, 売買契約が成立するためには売主及び買主の合意が必要であることや, 既に成立している契約には法律上の責任が伴うため, 消費者の一方的な都合で取り消すことができないことを理解できるようにします。また, インターネットを介した通信販売は売買契約であること, クレジットカードによる支払いは, 三者間契約であることについても理解できるようにします。さらに, 未成年・成年の法律上の責任の違いについても触れるようにします。

売買契約においては, 両者が対等・公平・公正な立場で臨むことが公正な取引の前提であり, 消費者の自由意志が尊重されなければならないことに触れるようにします。また, 消費者にとって熟慮する時間が短かったり, 必要な情報が与えられなかったりなどの状態で契約する場合は, 消費者被害に結び付くことに気付くようにします。

❷ 消費者被害の背景

消費者被害の背景については, 消費者と事業者(生産者, 販売者等)の間にある情報量などの格差によって発生することを理解できるようにします。また, インターネットの普及やキャッシュレス化の進行により, 目に見えないところで複雑な問題に巻き込まれやすくなることや, 被害が拡大しやすいこと, 被害者の低年齢化により, 中学生も被害者になりやすいことに触れるようにします。

❸ 消費者被害への対応

消費者被害への対応については, 消費者と事業者が対等・公平・公正な立場で結んだ売買契約であるかどうかを判断する必要性について理解できるようにします。

また, 誤った使い方などによる被害を防ぐためには, 消費者が説明書や表示, 契約内容を確認することが重要であることに気付くようにします。

さらに，消費者支援の具体例として地域の消費生活センターなどの各種相談機関やクーリング・オフ制度を取り上げ，消費者を支援する仕組みがあるのは，消費生活に係る被害を未然に防いだり，問題が発生した場合に適切に対応して被害を拡大させないようにしたりするためであることを理解できるようにします。その際，通信販売には，クーリング・オフ制度が適用されないことについても触れるようにします。

被害にあった場合の対応については，保護者など身近な大人に相談する必要があることに気付くようにし，地域の相談機関の連絡先や場所などの具体的な情報についても触れるようにします。

❹ 物資・サービスの選択に必要な情報の収集・整理

物資・サービスの選択に必要な情報の収集・整理については，選択のための意思決定に必要な安全性，機能，価格，環境への配慮，アフターサービス等の観点について理解できるようにするとともに，関連する品質表示や成分表示，各種マークについても触れるようにします。

また，広告やパンフレットなどの情報源から，偏りなく情報を収集し，購入目的に応じた観点で適切に整理できるようにします。その際，情報の信頼性を吟味する必要があることにも触れるようにします。

物資・サービスの選択・購入に必要な情報の収集・整理を適切に行うことが，結果として消費者被害を未然に防いだり，購入源の満足感を高めたりすることにも気付くようにします。

C 消費生活・環境

新設された事項ですが，授業を展開する上のポイントを教えてください。

よくわかる解説

消費者被害が低年齢化している状況を踏まえ，このたびの改訂で新設された事項です。売買契約の原則と関連させて消費者被害の背景及び適切な対応について扱うことで，トラブルの基本的な構造を理解させます。いわゆる悪質商法は，なぜ悪質なのか，どこにどのような問題を含んでいるのかを理解することで，適切な回避や対応が可能になります。

身の周りに溢れている情報は，適切に扱えば物資・サービスを選択する上で有効です。しかし，宣伝文句に踊らされたり，曖昧な情報を鵜呑みにしたり，必要な情報を見落としたりといった不適切な扱い方をすれば，消費者被害を招きかねません。購入目的に合致した不可欠な情報を偏りなく収集し，整理・活用できる技能を身に付けさせたいところです。

指導にあたっては

　売買契約の仕組みについては，消費者被害と関連させて扱うよう配慮する。また，消費者被害とその対応については，国民生活センターが公表しているデータを活用したり，消費生活センターなどの各種相談機関と連携したりして，中学生の身近な消費行動と関連を図った事例を取り上げるよう配慮する。

　例えば，いわゆる悪質商法が，なぜ悪質なのかを売買契約の仕組みを踏まえて考えたり，地域の消費生活センターの相談員から中学生が巻き込まれやすい消費者被害について話を聞いたり，対応の仕方についてロールプレイングをしたりする活動などが考えられる。

　選択に必要な情報の適切な収集・整理については，(7)における購入方法や支払い方法の学習と関連させて扱うよう配慮する。例えば，中学生にとって身近な商品などを取り上げ，情報の収集・整理や信頼性について話し合うなどの活動が考えられる。また，その商品をインターネットで購入する場合と店舗で購入する場合，現金による即時払いとクレジットによる後払いの利点及び問題点を比較する活動などが考えられる。

　この学習では，社会科〔公民的分野〕「市場の働きと経済」の学習などとの関連を図るよう配慮する。

考えられる実践

活動・題材例 1

●中学生の消費者トラブル

　中学生に多い消費者被害について事例などを通して理解する。

　【事例】Aさんは無料のゲームサイトに，名前やメールアドレス，誕生日などの個人情報を登録した。数日後，ゲームサイトの会社から「未払い金が3万円あるから支払え！親にいいつけるぞ。」というメールが届いた。

　トラブルの対応についてグループで考え，ロールプレイングをし，発表する。

活動・題材例 2

●商品の広告をつくろう

　実際に販売されている商品の表示やチラシ，パンフレットからその商品の品質，機能，価格，アフターサービス，環境への配慮などの情報を収集し，整理する。表示の意味，表示の基準などを理解し，情報の信頼性についてグループで話し合い，身近な商品を選び，その商品を売りだす企業側の立場で，商品の広告を作成する。

参考　「B衣食住の生活」と関連させる

「B衣食住の生活」での調理実習の材料準備については，学校や生徒，地域により適切な方法が求められます。地域の中で，生徒が材料を準備できる場合は，この内容を「C消費生活・環境」関連させて題材を構成することができます。

たとえば，「1食分の食事の調理」では1時間を使って実際に購入する学習も取り入れることができます。

小学校家庭科の学習で期限表示については学んでいますが，消費期限と賞味期限の違いの認識があいまいであったり，そもそもわかっていなかったりする生徒も多いので，ここで改めて理解させたいところです。

実際の食品の表示を活用し，食品の表示について関心をもち，情報を読み取れるようにしましょう。

また，「B(5)生活を豊かにするための布を用いた製作」については，家庭生活を見つめ，家族とのよりよい家庭生活にするために，布を使って製作することになります。生徒が適切に布を準備することがむずかしい環境にある場合は，教材のキットを利用したり，「C消費生活・環境」の内容と関連させて，家庭にある不用な布を活用したり，衣服などをリメイクしたりするなどが考えられます。

地域の食材を用いることによって地域の食文化にふれることもできます。地域の産物の販売方法を確認させるのもよいでしょうか。調理計画を立てる前に材料の金額や調理時間の条件も伝えておくことが必要です。

商品の表示に関心をもち，情報を読み取ろうとする姿勢をもたせ，適切に食品を選べるようにしましょう。

■パッケージされた生鮮食品の例。表示を読み取る学習になる。

C 消費生活・環境

1 金銭の管理と購入

(イ) ❶物資・サービスの選択に必要な情報を活用して購入について考え，工夫すること。

○ キーワード
» 情報の活用
» 購入についての課題の解決
» 購入計画の立案評価・改善

C 1 (イ) 学習指導要領を ハヤヨミ

　ここでは，物資・サービスの購入についての課題を解決するために，アで身に付けた基礎的・基本的な知識及び技能を活用し，持続可能な社会の構築等の視点から物資・サービスの選択，購入方法，支払い方法等について考え，工夫することができるようにします。

　課題については，中学生にとって想定しやすい具体的な場面を取り上げ，生徒の生活体験などを踏まえて物資・サービスの購入に関わる問題を見いだし，設定するようにします。

　解決方法については，情報機器を活用して調べたり，ちらしやパンフレットなどで関連する情報を集めたりする活動や，それらを吟味するための意見交換などを通して，検討できるようにします。その際，購入の目的に合っているかどうか，結果に対する満足度が高いかどうか等について考え，適切な解決方法を選び，実践に向けて具体的に購入計画を立てることができるようにします。

　購入計画の評価・改善については，目的に合っているかどうかを振り返って評価し，実践発表会などを通して，改善方法について考えることができるようにします。

よくわかる 解説

　（1）の指導事項イについては，アで身に付けた2項目の知識・技能を活用した学習活動が求められています。家庭や地域社会における問題解決を目指す（3）の「課題と実践」を見据え，ここでは，中学生にとって身近な消費生活の場面を共通課題として設定し，個人やペア，グループで解決方法をクリティカル（批判的）に考え，吟味し，話し合うなどの活動が考えられます。ICTを活用して調べたり，インタビューしたり，パンフレットなどから情報を集めて整理・吟味したりして，目的に合った購入計画を立案，評価，改善します。その際，持続可能な社会の構築に向けた視点で振り返ることが大切です。

指導にあたっては

　中学生にとって身近な物資・サービスの購入場面を取り上げ，具体的に考えることができるよう配慮する。例えば，アで取り上げた中学生にとって身近な商品について，使用目的や予算，支払い方法などの条件を設定し，どこで，どのような購入の仕方をすることが目的に合っているのかを考え，発表し合う活動が考えられる。その際，グループごとに異なる条件を設定したり，途中で条件を変えたりするなど，現実の生活場面における実践につなげることなども考えられる。

　なお，生徒自身の購入場面を取り上げる場合には，プライバシーに十分配慮する。

消費生活・環境

考えられる実践

⑦ を活用　商品購入のプロセスを考えよう

課題設定

① 自分たちの身近な商品(現在購入したいもの)を挙げる。
- ・新しいスニーカーがほしい
- ・友達と映画を観に行きたい
- ・スマートフォンを買い替えたい
- ・新商品のお菓子を食べたい

② 各グループで①で挙げたもの一つについて考える。

③ 例：新しいスニーカーを購入するための手順について考える

　課題：新しいスニーカーの購入プロセスを考える。

計画(実践)

① 本当に必要かどうか，ニーズとウォンツについて考える。
　例：❶足が少し大きくなり，今履いているスニーカーは少し窮屈(ニーズ)
　　　❷流行遅れだから(ウォンツ)

② 購入したいスニーカーの情報(チラシやパンフレットなど)を収集し整理する。

③ どこで買うか，どうやって支払うか考え，まとめる。

評価・改善

① グループごとにまとめた内容を発表する。

② 発表の内容を聞き，他のグループは意見を付箋に書き，発表したグループに渡す。

③ 他のグループからの意見を整理し，考えた購入計画の見直しを行う。

107

㋐ **❶消費者の基本的な権利と責任，❷自分や家族の消費生活が環境や社会に及ぼす影響について理解すること。**

○ **キーワード**

- 消費者の8つの権利と5つの責任
- 消費者基本法
- 環境負荷の軽減
- 商品の改善

C 2 ㋐ 学習指導要領を ハヤヨミ

❶消費者の基本的な権利と責任

消費者の基本的な権利と責任については，消費者基本法（2004年）の趣旨を踏まえ，その内容を具体的に理解できるようにする。その際，中学生にとって身近な消費生活と関連を図り，具体的な場面でどのような権利と責任が関わっているのか理解できるようにするとともに権利の行使には責任の遂行が伴うことに気付くようにします。

例えば，物資・サービスを購入する際には，必要な情報が与えられたり，自由に選んだりする権利が保障されるのと同時に，情報をよく調べたり確かめたりするなど批判的な意識をもつ責任が生じることなどを理解できるようにする。

また，消費者が，購入した物資・サービスに不具合があったり，被害にあったりした場合に，そのことについて適切に主張し行動する責任を果たすことなどが，消費者被害の拡大を防ぐことについて気付くようにする。

❷自分や家族の消費生活が環境や社会に及ぼす影響

自分や家族の消費生活が環境や社会に及ぼす影響については，物資・サービスの購入から廃棄に至る自分や家族の消費行動が，環境への負荷を軽減させたり，企業への働きかけとなって商品の改善につながったりすること等を理解できるようにする。その際，環境への負荷を軽減させることについては，電気・ガス・水をはじめ，衣食住に関わる多くのものが限りある資源であり，それらを有効に活用するためには，自分や家族の消費行動が環境に及ぼす影響を自覚し，自分だけでなく多くの人が行ったり，長期にわたって続けたりすることが大切であることに気付くようにする。

また，商品の改善につながることについては，品質や価格などの情報に疑問や関心を持ったり，消費者の行動が社会に影響を及ぼしていることを自覚したりして，よく考えて購入することが大切であることにも気付くようにする。

よくわかる解説

消費者の基本的な権利と責任は、国際消費者機構（CI）が提唱する8つの権利と5つの責任について、消費者基本法の趣旨を踏まえて理解できるようにします。その際、例えば何らかのトラブルに巻き込まれたり、被害にあったりするような具体的な場面と関連させて扱うことで、消費者の権利と責任が表裏一体であり、権利の行使には責任の遂行が伴うことに気付かせたいところです。

また、自分や家族の消費生活は、環境に対してだけでなく、社会に対しても影響を及ぼしていることについて取り上げます。その際、消費者の責任と関連させて、プラスの影響のみならず、マイナスの影響についても考えさせましょう。

指導にあたっては

中学生にとって身近な商品を取り上げ、消費者の基本的な権利と責任や、環境や社会に及ぼす影響について具体的に考えられるよう配慮する。例えば、調理実習において、国産や地元産の食材を選んだ場合とそうでない場合について話し合うなどの活動が考えられる。

この学習では、社会科（公民的分野）「市場の働きと経済」の学習などとの関連を図るようにする。

C 消費生活・環境

考えられる実践

活動・題材例 1

●消費生活と環境・社会とのつながりを知ろう

調理実習で使用する豚肉を購入するため、以下のような課題について考える。

【課題】
国産:100g　197円
外国産:100g　97円

どちらの豚肉を購入するかについて意見を述べる。国産の豚肉を購入するグループと外国産の豚肉を購入するグループに分け、それぞれの利点と問題点を調べ、まとめる。

それぞれの発表を聞き、自分ならばどちらを選ぶか考える。消費者の権利と責任や自分の消費生活が、環境や社会に影響を及ぼすことについて話し合う。

2 消費者の権利と責任

イ 身近な消費生活について，自立した消費者としての責任ある消費行動を考え，工夫すること。

○ キーワード
- 自立した消費者
- 責任ある消費行動
- ライフスタイルの改善
- 持続可能な社会の構築の視点

C 2 イ 学習指導要領をハヤヨミ

ここでは，身近な消費生活についての課題を解決するために，アで身に付けた基礎的・基本的な知識を活用し，持続可能な社会の構築等の視点から，自立した消費者としての責任ある消費行動を考え，工夫することができるようにします。

課題については，生徒の身近な生活の中から，生徒自身の消費行動に関する問題を見いだし，自分の消費生活の課題を設定するようにします。

解決方法については，自分や家族の消費生活について多様な観点で振り返ることを通して，消費生活の在り方やライフスタイルの改善に向けて検討できるようにします。その際，家庭分野及び他教科等の既習事項や自分の生活経験と関連付けて考え，適切な解決方法を選び，実践に向けて具体的に計画を立てることができるようにします。

実践の評価・改善については，計画どおりに実践できたかどうかを持続可能な社会の構築などの視点から振り返って評価し，実践発表会などを通して，改善方法について考えることができるようにします。

自立した消費者としての責任ある消費行動を考えるにあたり，どのような問題提起をしたらよいでしょうか？

よくわかる解説

(2)の指導事項イについては，アで身に付けた知識・技能を活用した学習活動が求められています。家庭や地域社会における問題解決を目指す(3)の「課題と実践」を見据え，ここでは，生徒にとって身近な事例を取り上げます。その際，消費者が権利を行使しなかった場合や責任を果たさなかった場合に，環境や社会にどのような影響を及ぼすのかについて多面的に考えさせたいところです。そうした学習をふまえて，自分の消費生活を持続可能な社会の構築の視点でクリティカルに振り返り，課題を見つけ，どうすればライフスタイルを改善できるのか検討します。

指導にあたっては

　中学生にとって身近な商品の購入場面を取り上げ，消費者の基本的な権利と責任との関連や，環境や社会に及ぼす影響について具体的に考えられることで，自立した消費者としての意識を深められるよう配慮する。

　例えば，中学生にとって身近な事例について，どのような権利や責任と関わっているのかを考えたり，権利を行使しなかった場合や責任を果たさなかった場合にどのような影響があるのかを話し合ったりする活動などが考えられる。また，環境負荷の小さいものを消費することの効果など，消費者としての責任ある消費行動について実践できることを発表し合う活動などが考えられる。

　なお，生徒によって家庭生活の状況が異なることから，各家庭や生徒のプライバシーに十分配慮しながら取り扱うようにする。

考えられる実践

⑦を活用　環境に配慮した生活を考えよう

課題設定

①エコロジー度をチェックし，自身の消費生活を振り返る。

1：無駄な包装やレジ袋は断るようにしているか	2：資源として使えるように，分別してゴミを出しているか。
3：気温に合わせた衣服の着方の工夫ができているか。	4：水を流したままにせず，コップを活用して歯みがきをしているか。

②自分の消費生活を振り返り，より環境に配慮した生活について考える。

　課題：環境に配慮した生活を考える。

計画（実践）

①グリーン購入やごみの減量について理解し，インターネット等を用いて，地域での取り組み等を調べる。

②自分や家族が取り組めそうな事柄を書き出す。

③②で挙げたことがどのように生活に影響するか考え，まとめる。

評価・改善

①グループになり，自分や家族が取り組めそうな事柄やその取り組みを行うことでどのように生活が変わるか発表する。

②発表を聞いた人は，環境に配慮した生活になっているか検討し，意見を出す。

③出た意見を参考にし，環境に配慮した生活について自分や家族が取り組めることをまとめる。

⑦ 自分や家族の消費生活の中から問題を見いだして課題を設定し，その解決に向けて環境に配慮した消費生活を考え，計画を立てて実践できること。

○ キーワード
≫ 問題の発見
≫ 課題の設定
≫ 計画・実践
≫ 評価・改善

C 3 ⑦ 学習指導要領を ハヤヨミ

自分や家族の消費生活の中から問題を見いだして課題を設定することについては，(1)及び(2)の項目それぞれの指導事項ア及びイで身に付けた知識などや，生活経験を基に問題を見いだし，生徒の興味・関心等に応じて「A家族・家庭生活」や「B衣食住の生活」の内容と関連させて課題を設定できるようにします。

その解決に向けてよりよい生活を考え，計画を立てて実践できることについては，設定した課題に関わり，これまでの学習で身に付けた知識及び技能などを活用して，計画を立てて家庭や地域などで実践できるようにします。

また，実践後は，課題解決に向けた一連の活動を振り返って評価し，更によりよい生活にするための新たな課題を見付け，次の実践につなげることができるようにします。

どのような時期に「課題と実践」を計画するとよいでしょうか？

よくわかる 解説

「課題と実践」は，家庭や地域社会と連携を図って，生徒が主体的・実践的に行う学習活動です。そのため，夏休みや冬休み・春休みといった長期の休みを効果的に活用して，実践の場と時間を確保しましょう。

冬休みに実践するのであれば，2学期までの学習で身に付けた知識・技能を活用して，自分や家族の消費生活・環境に関連した問題に気付き，A・Bの学習とも関連させて課題を設定し，解決方法を検討し，実践に向けた計画を立案します。冬休みに家庭や地域で実践したことをレポートにまとめ，3学期のはじめに評価・改善を含めた実践発表会を開催し，一連の学習活動を持続可能な社会の構築に関わる視点で振り返り，次の実践につなげられるようにします。

指導にあたっては

　消費生活を見直して課題を設定し，計画，実践，評価・改善という一連の学習過程を重視し，問題解決的な学習を進めるようにする。その際，計画をグループで発表し合ったり，実践発表会を設けたりするなどの活動を工夫して，効果的に実践できるようにする。また，家庭や地域社会との連携を図り，実践的な活動を行うことができるよう配慮するとともに，家庭や地域で実践する意義についても気付くことができるようにする。

　例えば，C(1)「金銭の管理と購入」とA(2)「幼児の生活と家族」との関連を図り，身近な幼児のための遊び道具の購入することを課題として設定し，必要な情報を収集・整理し，決定し，購入方法や支払い方法について計画を立てて実践する活動などが考えられる。また，B(3)「日常食の調理と地域の食文化」との関連を図り，食品の購入することを課題として設定したり，B(4)「衣服の選択と手入れ」との関連を図り，衣服，洗剤や洗濯仕上げ剤，洗濯機の購入することを課題として設定したりすることなども考えられる。

　なお，洗濯機の購入など，高価な商品の購入を課題とする場合には，実際に購入するのではなく，情報を収集・整理して，購入する物資やサービスを判断し決定するまでとするなど，学習活動を目的に過度な費用の負担等がかからないよう十分留意する。

C 消費生活・環境

考えられる実践

活動・題材例 1

●家族が納得する冷蔵庫を購入しよう

　家庭の冷蔵庫が古いので，「我が家の冷蔵庫を買い替える」という課題を設定する。購入するにあたり，チラシやインターネットを用いたり，家電量販店へ行き調査などをして，冷蔵庫の種類や値段，使用電力量などについて情報を収集する。家族に集まってもらい，調べたことや集めた情報を発表する。家族で商品選択について何を大切にするかなどを話し合い，どの冷蔵庫を選択するか決める。

　最後に調べたことや家族と話し合ったことをレポートにまとめる。

本時の目標
● Aさんの家族が抱える家計上の課題の解決策を考えることを通して，生活に必要な物資やサービスには，必需的なものや選択的なものがあることに気付く。また，購入にあたっては，必要かどうかを判断し，優先順位を考慮して調整することの重要性について説明することができる。

主な学習活動	指導上の留意点
導入 ● 家族が生活するために購入する商品やサービスには，どのようなものがあるか思い出して発表する。 ● Aさんの家族の構成とある月の収入と支出について知る。	● Aさんの家族構成 父:自動車の営業マン(40歳) 母:兼業主婦(38歳) Aさん:野球部，週2回通塾(中2) 弟:サッカークラブに所属(小2) 祖母:足が悪く通院中(65歳)を示す。 ● Aさんの家のある月の収入と，支出を示したカードを黒板に貼る。

〈参考〉

食料	食料品	¥50,000
	外食	¥10,000
住居	マンション家賃	¥75,000
水道・光熱	電気・ガス・水道	¥20,000
家具・家事用品	洗剤・ティッシュペーパー	¥3,000
被服・履物	部活のユニフォーム	¥9,000
	クリーニング	¥3,000
保健医療	病院・薬	¥5,000
	床屋・美容院	¥13,000
交通通信	駐車場	¥5,000
	ガソリン	¥10,000
	定期券	¥7,000
	電話(家・ネット)	¥8,000
	スマホ・携帯	¥12,000
教育	校納金(給食費他)	¥13,000
	塾・クラブ	¥20,000
教養・娯楽	新聞	¥4,000
	キャンプ	¥8,000
その他	親戚入学祝	¥10,000
	こづかい	¥25,000
	支出計	¥310,000

手取り収入 ¥310,000

● 支出のカードを，生活に必ず必要なものと選択的なものに分類し，発表によって確認する。	● 支出のカードを分類させながら，生活に必要な物資やサービスには，必需的なものや選択的なものがあることに気付かせる。

主な学習活動	指導上の留意点

展開

● 学習課題を知る。

> 「Aさんは,スマホが欲しいと両親に訴えています。スマホ代は,友達の話だと月に8000円くらいかかるそうです。母は,『家にそんな余裕はないし,中学生のあなたには必要ないでしょう。』と言って取り合ってくれません。Aさん家族によい解決策を提案してください。」

● 各自が,解決策を考えてワークシートにまとめる。	● 「収入をすぐに増やすことはできない」ことを伝える。 ● 「何を,どんな理由で,どうするのか」を明確にさせて記入させる。
● グループで話し合い,グループとしての解決策を決定する。	● グループの意見を画用紙にまとめて,黒板に貼らせる。
● グループの解決策を発表する。	● 他のグループの解決策について,疑問に思ったことや気付いたことについて話し合わせる中で,物資やサービスの購入にあたっては,必要かどうかを判断し,優先順位を考慮して調整することの重要性に気付かせる。

まとめ

● 各グループの発表を聞いて,気付いたことや疑問に思ったことなどについて話し合う。	● 「何を,どんな理由で,どうするのか」を明確にして記入させる。
● 他の意見を参考にしながら,各自がAさん家族に提案する最終的な解決策を考えてワークシートにまとめる。	

評価の例

○ 必要性の吟味や理由を明確にして優先順位を考え調整された解決策の提案ができたか。

● ワークシートに授業の振り返りを書く。	● Aさんの家計は一例であり,家族構成や家族の状況によって,家計費の内訳や具体的な場面での優先順位は異なることに触れる。

C 消費生活・環境

授業展開例　課題と実践　家族の協力と消費者トラブル

本時の目標
- 消費生活のトラブルについて、学習した内容から自分や家族の課題をとらえる。
- 自分や家族の課題を解決するための、具体的な計画を立て、実践したことをまとめる。
- 表現方法を工夫して成果を発表し、評価を参考に、生活に生かし、新たな課題を見出す。

主な学習活動

① 生活を振り返り、消費者トラブルを考える。
- 既習の「消費者トラブル」を復習する。

② 自分の課題を決める。
- 自分や家族の生活を見つめ、（スマートフォン、ゲーム、電化製品・通信販売など）解決したい消費者トラブルの課題を探す。
- 課題決定の理由や解決するための目的を、レポートにまとめる。

③ 計画を立てる。
- 「消費者トラブル」を解決するための探究方法を考える。
- 実践のための具体的な計画を立てる。
- 5W1H　PDCAを活用する。

④ 実践する。
- 計画に従って、実践・検討・記録する。

⑤ 結果をまとめる。
- 取り組みのプロセスや実践の結果をまとめる。

⑥ 発表し、評価を受けて改善する。
- 班やクラスで発表する。
- 自己評価をし、他の人からのアドバイスも参考にする。

指導上の留意点

- 中学生の相談事例の多い商品やサービスの事例を提示、自分の生活を振り返えさせる。

- 事例を紹介する。
（例：父は、自転車購入でのトラブル。母は、通信販売。兄は、ドライヤーの事故。私は、架空請求など。）

- 図書、新聞、インターネット、地域の人の話、企業の相談員、消費者センター、施設訪問などの利用を勧める。

評価の例
○ 記録用紙に、現状や原因、解決のための具体的な計画をすることができたか。

- 写真・メモ・イラスト・情報収集・活用などを支援する。

- 発表や整理の表現方法を工夫させる。
（例：新聞・プレゼン・レポート・口頭発表など。）

- 実践や発表から学び合わせ、生活の改善や新しい課題発見を促す。

評価の例
○ 課題を解決し、発表会で意見を述べたり聞くことで、再考し、生活に活か（そうと）しているか。

参 考 例

1　幼児の遊び道具（手作りと市販品の比較）

関連	A（2）幼児の生活と家族 B（5）生活を豊かにするための布を用いた製作 C（1）金銭の管理と購入
課題	・身近な幼児の遊び道具として，布絵本を取り上げ，市販品と手作り品の比較をする。
計画	①利点や改善点を課題として，必要な情報を収集・整理し，計画を立てて調べる。
実践	①購入（価格・材料費など） ②販売と支払い（店舗や支払い方法など） ③安全性・補償（安全対策・マーク・表示など） ④環境に配慮（素材や廃棄など） ⑤使いやすさ（工夫や改善など）
結果	・各々の利点から，幼児にはどのような場面で適切に活用できたか，交流の時に活かすことができた。

手作り

市販品

2　環境に優しい地域と住まい

関連	A（5）家族・家庭や地域との関わり B（6）住居の機能と安全な住まい方 C（2）消費者の権利と責任
課題	・地域との関わりや高齢者との関わりを考える。 ・家庭内事故や安全な住まい方を見直す。 ・地域や社会で災害時などの協働に取り組む。
計画	①家庭内事故で高齢者の安全を考える。 ②災害が起きた時，地域の人との連携を計画する。 ③環境への配慮やエコ対策を考える。
実践	①高齢者の住まい方を調査・検証する。 ②災害が起きた時の避難の仕方や救助袋などの確認をする。 ③避難所でのエコ生活や環境への配慮した避難や生活を地域の自治会や学校から聞き取り，まとめる。
結果	まとめた内容をクラスで発表，または自治会や学校へ提案できた。

3　リメイクお手玉で高齢者と交流

関連	A（5）家族・家庭や地域との関わり B（5）生活を豊かにするための布を用いた製作 C（2）消費者の権利と責任
課題	・高齢者と手づくり小物で交流をする。
計画	①お手玉を製作し，高齢者に遊び方を教えてもらう。 ②高齢者との交流計画を立てる。
実践	①リ・ファッションの3R（リフォーム・リペア・リメイク）を活用し，廃棄する衣服で，お手玉をつくる。 ②高齢者に（特養ホームや集会所など）に会いに行き，遊び方を教えてもらう。
結果	・交流活動で絆を深めることができた。 ・布を使った小物作りを製作できた。 ・衣類をリメイクし，リサイクルの活用を学ぶことができた。

洋服リメイクしたお手玉

リメイクした防災頭巾

C 消費生活・環境

参考例

4	8つの権利(食品の選択)
関連	B(3)日常食の調理と地域の食文化 C(2)消費者の権利と責任
課題	・消費者の8つの権利を考察する。 ・食品の選択や食品問題を考える。
計画	①食品(ポテトチップス)を1例あげて,8つの権利に当てはめてみる。
実践	①安全を求める権利(国産品・遺伝子組み換え) ②選択する権利(多種類と適正価格) ③知らされる権利(マークや表示) ④意見が反映される権利(たれや辛子付き) ⑤生活のニーズが保証される(商品開発・特保など) ⑥補償を受ける権利(異物混入や問題) ⑦健全な環境を求める(農薬・海外の児童労働など) ⑧消費者教育を受ける権利
結果	・食品の選択に,役立てた。 ・食品の安全性や適正価格,正しい表示などへの意識が高まった。

商品の安全についてのまとめのポスター

ポテトチップスや納豆,ハムやウィンナーなどで考えるとわかりやすい。

5	家電製品の購入計画
関連	B(4)衣服の選択と手入れ C(1)金銭の管理と購入
課題	・家にある家電製品(洗濯機など)を新しく購入することを想定する。
計画	①項目を課題として設定,必要な情報を収集・整理し,計画を立てる。
実践	購入する場合を想定し,調査する。 ①購入(価格・材料費など) ②販売方法(大型家電店・専門店・通信販売など) ③支払い方法(即時・後払い他) ④安全性・補償(アフターサービス・安全対策・マークなど) ⑤環境に配慮(廃棄方法・設置など) ⑥洗濯の機能(洗剤や洗濯の種類など)
結果	・自分の家に合う販売や支払い方法,機種,性能や価格などを調べ,現在の洗濯機と比較ができた。

6	新商品の企画と販売
関連	B(3)日常食の調理と地域の食文化 B(4)衣服の選択と手入れ C(1)金銭の管理と購入
課題	・購入の目的にそった商品を選択するために,販売者として,商品を売る場面を考える。
計画	①商品を宣伝するために必要な情報を考える。 ②食品や衣類の特徴を把握する。
実践	①品質・機能・表示・マーク・キャッチフレーズ・価格・安全性・保証・アフターサービス・環境の影響の項目をあげる。 ②食品・衣類のポスターを書く。
結果	・ポスターを使いクラスで発表(宣伝)し,販売者の気持ちになった。 ・消費者として,どのような宣伝内容が選択の決め手になるのか,体験することができた。

衣類・食品・文房具などの新商品を宣伝するポスター

資料

第 3 部

The third

技術分野の学習指導要領

分野の目標

技術の見方・考え方を働かせ、ものづくりなどの技術に関する実践的・体験的な活動を通して、技術によってよりよい生活や持続可能な社会を構築する資質・能力を次のとおり育成することを目指す。

(1) 生活や社会で利用されている材料、加工、生物育成、エネルギー変換及び情報の技術についての基礎的な理解を図るとともに、それらに係る技能を身に付け、技術と生活や社会、環境との関わりについて理解を深める。

(2) 生活や社会の中から技術に関わる問題を見いだして課題を設定し、解決策を構想し、製作図等に表現し、試作等を通じて具体化し、実践を評価・改善するなど、課題を解決する力を養う。

(3) よりよい生活の実現や持続可能な社会の構築に向けて、適切かつ誠実に技術を工夫し創造しようとする実践的な態度を養う。

A 材料と加工の技術

1 生活や社会を支える材料と加工の技術について調べる活動などを通して、次の事項を身に付けることができるよう指導する。

　㋐ 材料や加工の特性等の原理・法則と、材料の製造・加工方法等の基礎的な技術の仕組みについて理解すること。

　㋑ 技術に込められた問題解決の工夫について考えること。

---

2 生活や社会における問題を、材料と加工の技術によって解決する活動を通して、次の事項を身に付けることができるよう指導する。

　㋐ 製作に必要な図をかき、安全・適切な製作や検査・点検等ができること。

　㋑ 問題を見いだして課題を設定し、材料の選択や成形の方法等を構想して設計を具体化するとともに、製作の過程や結果の評価、改善及び修正について考えること。

3 これからの社会の発展と材料と加工の技術の在り方を考える活動などを通して、次の事項を身に付けることができるよう指導する。

　㋐ 生活や社会、環境との関わりを踏まえて、技術の概念を理解すること。

　㋑ 技術を評価し、適切な選択と管理・運用の在り方や、新たな発想に基づく改良と応用について考えること。

B 生物育成の技術

1 生活や社会を支える生物育成の技術について調べる活動などを通して、次の事項を身に付けることができるよう指導する。

　㋐ 育成する生物の成長、生態の特性等の原理・法則と、育成環境の調節方法等の基礎的な技術の仕組みについて理解すること。

　㋑ 技術に込められた問題解決の工夫について考えること。

---

2 生活や社会における問題を、生物育成の技術によって解決する活動を通して、次の事項を身に付けることができるよう指導する。

　㋐ 安全・適切な栽培又は飼育、検査等ができること。

　㋑ 問題を見いだして課題を設定し、育成環境の調節方法を構想して育成計画を立てるとともに、栽培又は飼育の過程や結果の評価、改善及び修正について考えること。

3 これからの社会の発展と生物育成の技術の在り方を考える活動などを通して、次の事項を身に付けることができるよう指導する。

　㋐ 生活や社会、環境との関わりを踏まえて、技術の概念を理解すること。

　㋑ 技術を評価し、適切な選択と管理・運用の在り方や、新たな発想に基づく改良と応用について考えること。

C エネルギー変換の技術

1 生活や社会を支えるエネルギー変換の技術について調べる活動などを通して、次の事項を身に付けることができるよう指導する。

- ㋐ 電気, 運動, 熱の特性等の原理・法則と, エネルギーの変換や伝達等に関わる基礎的な技術の仕組み及び保守点検の必要性について理解すること。
- ㋑ 技術に込められた問題解決の工夫について考えること。

2 生活や社会における問題を, エネルギー変換の技術によって解決する活動を通して, 次の事項を身に付けることができるよう指導する。

- ㋐ 安全・適切な製作, 実装, 点検及び調整等ができること。
- ㋑ 問題を見いだして課題を設定し, 電気回路又は力学的な機構等を構想して設計を具体化するとともに, 製作の過程や結果の評価, 改善及び修正について考えること。

3 これからの社会の発展とエネルギー変換の技術の在り方を考える活動などを通して, 次の事項を身に付けることができるよう指導する。

- ㋐ 生活や社会, 環境との関わりを踏まえて, 技術の概念を理解すること。
- ㋑ 技術を評価し, 適切な選択と管理・運用の在り方や, 新たな発想に基づく改良と応用について考えること。

D 情報の技術

1 生活や社会を支える情報の技術について調べる活動などを通して, 次の事項を身に付けることができるよう指導する。

- ㋐ 情報の表現, 記録, 計算, 通信の特性等の原理・法則と, 情報のデジタル化や処理の自動化, システム化, 情報セキュリティ等に関わる基礎的な技術の仕組み及び情報モラルの必要性について理解すること。
- ㋑ 技術に込められた問題解決の工夫について考えること。

2 生活や社会における問題を, ネットワークを利用した双方向性のあるコンテンツのプログラミングによって解決する活動を通して, 次の事項を身に付けることができるよう指導する。

- ㋐ 情報通信ネットワークの構成と, 情報を利用するための基本的な仕組みを理解し, 安全・適切なプログラムの制作, 動作の確認及びデバッグ等ができること。
- ㋑ 問題を見いだして課題を設定し, 使用するメディアを複合する方法とその効果的な利用方法等を構想して情報処理の手順を具体化するとともに, 制作の過程や結果の評価, 改善及び修正について考えること。

3 生活や社会における問題を, 計測・制御のプログラミングによって解決する活動を通して, 次の事項を身に付けることができるよう指導する。

- ㋐ 計測・制御システムの仕組みを理解し, 安全・適切なプログラムの制作, 動作の確認及びデバッグ等ができること。
- ㋑ 問題を見いだして課題を設定し, 入出力されるデータの流れを元に計測・制御システムを構想して情報処理の手順を具体化するとともに, 制作の過程や結果の評価, 改善及び修正について考えること。

4 これからの社会の発展と情報の技術の在り方を考える活動などを通して, 次の事項を身に付けることができるよう指導する。

- ㋐ 生活や社会, 環境との関わりを踏まえて, 技術の概念を理解すること。
- ㋑ 技術を評価し, 適切な選択と管理・運用の在り方や, 新たな発想に基づく改良と応用について考えること。

小学校家庭科，中学校技術・家庭科「家庭分野」の内容

小学校

生活の営みに係る見方・考え方を働かせ，衣食住などに関する実践的・体験的な活動を通して，生活をよりよくしようと工夫する資質・能力を次のとおり育成することを目指す。

(1) 家族や家庭，衣食住，消費や環境などについて，日常生活に必要な基礎的な理解を図るとともに，それらに係る技能を身に付けるようにする。

(2) 日常生活の中から問題を見いだして課題を設定し，様々な解決方法を考え，実践を評価・改善し，考えたことを表現するなど，課題を解決する力を養う。

(3) 家庭生活を大切にする心情を育み，家族や地域の人々との関わりを考え，家族の一員として，生活をよりよくしようと工夫する実践的な態度を養う。

A 家族・家庭生活

1 自分の成長と家族・家庭生活
- **ア** 自分の成長の自覚，家庭生活と家族の大切さ，家族との協力

2 家庭生活と仕事
- **ア** 家庭の仕事と生活時間
- **イ** 家庭の仕事の計画と工夫

3 家族や地域の人々との関わり
- **ア** (ア) 家族との触れ合いや団らん
- (イ) 地域の人々との関わり
- **イ** 家族や地域の人々との関わりの工夫

4 家族・家庭生活についての課題と実践
- **ア** 日常生活についての課題と計画，実践，評価

B 衣食住の生活

1 食事の役割
- **ア** 食事の役割と食事の大切さ，日常の食事の仕方
- **イ** 楽しく食べるための食事の仕方の工夫

中学校（家庭分野）

生活の営みに係る見方・考え方を働かせ，衣食住などに関する実践的・体験的な活動を通して，よりよい生活の実現に向けて，生活を工夫し創造する資質・能力を次のとおり育成することを目指す。

(1) 家族・家庭の機能について理解を深め，家族・家庭，衣食住，消費や環境などについて，生活の自立に必要な基礎的な理解を図るとともに，それらに係る技能を身に付けるようにする。

(2) 家族・家庭や地域における生活の中から問題を見いだして課題を設定し，解決策を構想し，実践を評価・改善し，考察したことを論理的に表現するなど，これからの生活を展望して課題を解決する力を養う。

(3) 自分と家族，家庭生活と地域との関わりを考え，家族や地域の人々と協働し，よりよい生活の実現に向けて，生活を工夫し創造しようとする実践的な態度を養う。

A 家族・家庭生活

1 自分の成長と家族・家庭生活
- **ア** 自分の成長と家庭生活との関わり，家族・家庭の基本的な機能，家族や地域の人々との協力・協働

2 幼児の生活と家族
- **ア** (ア) 幼児の発達と生活の特徴，家族の役割
- (イ) 幼児の遊びの意義，幼児との関わり方
- **イ** 幼児との関わり方の工夫

3 家族・家庭や地域との関わり
- **ア** (ア) 家族の協力と家族関係
- (イ) 家庭生活と地域との関わり，高齢者との関わり方
- **イ** 家庭生活をよりよくする方法及び地域の人々と協働する方法の工夫

4 家族・家庭生活についての課題と実践
- **ア** 家族，幼児の生活又は地域の生活についての課題と計画，実践，評価

B 衣食住の生活

1 食事の役割と中学生の栄養の特徴
- **ア** (ア) 食事が果たす役割
- (イ) 中学生の栄養の特徴，健康によい食習慣
- **イ** 健康によい食習慣の工夫

2 中学生に必要な栄養を満たす食事
- **ア** (ア) 栄養素の種類と働き，食品の栄養的特質
- (イ) 中学生の1日に必要な食品の種類と概量，献立作成
- **イ** 中学生の1日分の献立の工夫

小学校

2 調理の基礎
- ㋐(ア) 材料の分量や手順, 調理計画
- (イ) 調理器具や食器の安全で衛生的な取扱い, 加熱用調理器具の安全な取扱い
- (ウ) 材料に応じた洗い方, 調理に適した切り方, 味の付け方, 盛り付け, 配膳, 後片付け
- (エ) 材料に適したゆで方, いため方
- (オ) 伝統的な日常食の米飯及びみそ汁の調理の仕方
- ㋑ おいしく食べるための調理計画及び調理の工夫

3 栄養を考えた食事
- ㋐(ア) 体に必要な栄養素の種類と働き
- (イ) 食品の栄養的な特徴と組合せ
- (ウ) 献立を構成する要素, 献立作成
- ㋑ 1食分の献立の工夫

4 衣服の着用と手入れ
- ㋐(ア) 衣服の主な働き, 日常着の快適な着方
- (イ) 日常着の手入れ, ボタン付け及び洗濯の仕方
- ㋑ 日常着の快適な着方や手入れの工夫

5 生活を豊かにするための布を用いた製作
- ㋐(ア) 製作に必要な材料や手順, 製作計画
- (イ) 手縫いやミシン縫いによる縫い方, 用具の安全な取扱い
- ㋑ 生活を豊かにするための布を用いた物の製作計画及び製作の工夫

6 快適な住まい方
- ㋐(ア) 住まいの主な働き, 季節の変化に合わせた生活の大切さや住まい方
- (イ) 住まいの整理・整頓や清掃の仕方
- ㋑ 季節の変化に合わせた住まい方, 整理・整頓や清掃の仕方の工夫

C 消費生活・環境

1 物や金銭の使い方と買物
- ㋐(ア) 買物の仕組みや消費者の役割, 物や金銭の大切さ, 計画的な使い方
- (イ) 身近な物の選び方, 買い方, 情報の収集・整理
- ㋑ 身近な物の選び方, 買い方の工夫

2 環境に配慮した生活
- ㋐ 身近な環境との関わり, 物の使い方
- ㋑ 環境に配慮した物の使い方の工夫

中学校(家庭分野)

3 日常食の調理と地域の食文化
- ㋐(ア) 用途に応じた食品の選択
- (イ) 食品や調理用具等の安全・衛生に留意した管理
- (ウ) 材料に適した加熱調理の仕方, 基礎的な日常食の調理
- (エ) 地域の食文化, 地域の食材を用いた和食の調理
- ㋑ 日常の1食分の調理及び食品の選択や調理の仕方, 調理計画の工夫

4 衣服の選択と手入れ
- ㋐(ア) 衣服と社会生活との関わり, 目的に応じた着用や個性を生かす着用, 衣服の選択
- (イ) 衣服の計画的な活用, 衣服の材料や状態に応じた日常着の手入れ
- ㋑ 日常着の選択や手入れの工夫

5 生活を豊かにするための布を用いた製作
- ㋐ 製作する物に適した材料や縫い方, 用具の安全な取扱い
- ㋑ 生活を豊かにするための資源や環境に配慮した布を用いた物の製作計画及び製作の工夫

6 住居の機能と安全な住まい方
- ㋐(ア) 家族の生活と住空間との関わり, 住居の基本的な機能
- (イ) 家族の安全を考えた住空間の整え方
- ㋑ 家族の安全を考えた住空間の整え方の工夫

7 衣食住の生活についての課題と実践
- ㋐ 食生活, 衣生活, 住生活についての課題と計画, 実践, 評価

C 消費生活・環境

1 金銭の管理と購入
- ㋐(ア) 購入方法や支払い方法の特徴, 計画的な金銭管理
- (イ) 売買契約の仕組み, 消費者被害, 選択に必要な情報の収集・整理
- ㋑ 情報を活用した物資・サービスの購入の工夫

2 消費者の権利と責任
- ㋐ 消費者の基本的な権利と責任, 消費生活が環境や社会に及ぼす影響
- ㋑ 自立した消費者としての消費行動の工夫

3 消費生活・環境についての課題と実践
- ㋐ 環境に配慮した消費生活についての課題と計画, 実践, 評価

*枠囲みは選択項目。3学年間で1以上を選択

特別の教科 道徳の学習指導要領

目標

第1章総則の第1の2の(2)に示す道徳教育の目標に基づき，よりよく生きるための基盤となる道徳性を養うため，道徳的諸価値についての理解を基に，自己を見つめ，物事を広い視野から多面的・多角的に考え，人間としての生き方についての考えを深める学習を通して，道徳的な判断力，心情，実践意欲と態度を育てる。

A 主として自分自身に関すること

[自主, 自律, 自由と責任]

自律の精神を重んじ，自主的に考え，判断し，誠実に実行してその結果に責任をもつこと。

[節度, 節制]

望ましい生活習慣を身に付け，心身の健康の増進を図り，節度を守り節制に心掛け，安全で調和のある生活をすること。

[向上心, 個性の伸長]

自己を見つめ，自己の向上を図るとともに，個性を伸ばして充実した生き方を追求すること。

[希望と勇気, 克己と強い意志]

より高い目標を設定し，その達成を目指し，希望と勇気をもち，困難や失敗を乗り越えて着実にやり遂げること。

[真理の探究, 創造]

真実を大切にし，真理を探究して新しいものを生み出そうと努めること。

B 主として人との関わりに関すること

[思いやり, 感謝]

思いやりの心をもって人と接するとともに，家族などの支えや多くの人々の善意により日々の生活や現在の自分があることに感謝し，進んでそれに応え，人間愛の精神を深めること。

[礼儀]

礼儀の意義を理解し，時と場に応じた適切な言動をとること。

[友情, 信頼]

友情の尊さを理解して心から信頼できる友達をもち，互いに励まし合い，高め合うとともに，異性についての理解を深め，悩みや葛藤も経験しながら人間関係を深めていくこと。

[相互理解, 寛容]

自分の考えや意見を相手に伝えるとともに，それぞれの個性や立場を尊重し，いろいろなものの見方や考え方があることを理解し，寛容の心をもって謙虚に他に学び，自らを高めていくこと。

技術・家庭科と道徳の関連

技術・家庭科における道徳教育の指導においては，教科と道徳教育との関連を明確に意識しながら，適切な指導を行う必要があります。

例えば、技術・家庭科で「生活を工夫し創造する資質・能力を身に付ける」ことは，望ましい生活習慣を身に付けるとともに，勤労の尊さや意義を理解することにつながるものです。また，「進んで生活を工夫し創造しようとする資質・能力を育てる」ことは，家族への敬愛の念を深めるとともに，家庭や地域社会の一員としての自覚をもって自分の生き方を考え，生活や社会をよりよくしようとすることにつながるものです。

次に，道徳教育の要としての特別の教科である道徳科の指導との関連を考慮する必要があります。技術・家庭科で扱った内容や教材の中で適切なものを，道徳科に活用することが効果的な場合もあります。また，道徳科で取り上げたことに関係のある内容や教材を技術・家庭科で扱う場合には，道徳科における指導の成果を生かすように工夫することも考えられます。

そのためにも，技術・家庭科の年間指導計画の作成などに際して，道徳教育の全体計画との関連，指導の内容及び時期等に配慮し，両者が相互に効果を高め合うようにすることが大切です。

C 主として集団や社会との関わりに関すること

[遵法精神, 公徳心]
　法やきまりの意義を理解し, それらを進んで守るとともに, そのよりよい在り方について考え, 自他の権利を大切にし, 義務を果たして, 規律ある安定した社会の実現に努めること。

[公正, 公平, 社会正義]
　正義と公正さを重んじ, 誰に対しても公平に接し, 差別や偏見のない社会の実現に努めること。

[社会参画, 公共の精神]
　社会参画の意識と社会連帯の自覚を高め, 公共の精神をもってよりよい社会の実現に努めること。

[勤労]
　勤労の尊さや意義を理解し, 将来の生き方について考えを深め, 勤労を通じて社会に貢献すること。

[家族愛, 家庭生活の充実]
　父母, 祖父母を敬愛し, 家族の一員としての自覚をもって充実した家庭生活を築くこと。

[よりよい学校生活, 集団生活の充実]
　教師や学校の人々を敬愛し, 学級や学校の一員としての自覚をもち, 協力し合ってよりよい校風をつくるとともに, 様々な集団の意義や集団の中での自分の役割と責任を自覚して集団生活の充実に努めること。

[郷土の伝統と文化の尊重, 郷土を愛する態度]
　郷土の伝統と文化を大切にし, 社会に尽くした先人や高齢者に尊敬の念を深め, 地域社会の一員としての自覚をもって郷土を愛し, 進んで郷土の発展に努めること。

[我が国の伝統と文化の尊重, 国を愛する態度]
　優れた伝統の継承と新しい文化の創造に貢献するとともに, 日本人としての自覚をもって国を愛し, 国家及び社会の形成者として, その発展に努めること。

[国際理解, 国際貢献]
　世界の中の日本人としての自覚をもち, 他国を尊重し, 国際的視野に立って, 世界の平和と人類の発展に寄与すること。

D 主として生命や自然, 崇高なものとの関わりに関すること

[生命の尊さ]
　生命の尊さについて, その連続性や有限性なども含めて理解し, かけがえのない生命を尊重すること。

[自然愛護]
　自然の崇高さを知り, 自然環境を大切にすることの意義を理解し, 進んで自然の愛護に努めること。

[感動, 畏敬の念]
　美しいものや気高いものに感動する心をもち, 人間の力を超えたものに対する畏敬の念を深めること。

[よりよく生きる喜び]
　人間には自らの弱さや醜さを克服する強さや気高く生きようとする心があることを理解し, 人間として生きることに喜びを見いだすこと。

家庭分野と道徳の関連を図るためには, 教科の目標との関連を明確にしたうえで, 適切な内容を相互に活かしましょう。

他教科との関連

■中学校技術・家庭科「家庭分野」に関わる他教科の学習内容

教科等	項目	内容
社会	地理的分野 1 目標	●地域の諸事象や地域的特色を理解するとともに、調査や諸資料から地理に関する様々な情報を効果的に調べまとめる技能を身に付けるようにする。
		●地理に関わる事象の意味や意義、特色や相互の関連を、位置や分布、場所、人間と自然環境との相互依存関係、空間的相互依存作用、地域などに着目して、多面的・多角的に考察したり、地理的な課題の解決に向けて公正に選択・判断したりする力、思考・判断したことを説明したり、それらを基に議論したりする力を養う。
	2 内容	●世界各地における人々の生活やその変容を基に、世界の人々の生活や環境の多様性を理解すること。
		●日本の地形や気候の特色、海洋に囲まれた日本の国土の特色、自然災害と防災への取組などを基に、日本の自然環境に関する特色を理解すること。
		●少子高齢化の課題、国内の人口分布や過疎・過密問題などを基に、日本の人口に関する特色を理解すること。
		●日本の資源・エネルギー利用の現状、国内の産業の動向、環境やエネルギーに関する課題などを基に、日本の資源・エネルギーと産業に関する特色を理解すること。
		●国内や日本と世界との交通・通信網の整備状況、これを活用した陸上、海上輸送などの物流や人の往来などを基に、国内各地の結び付きや日本と世界との結び付きの特色を理解すること。
		●幾つかに区分した日本のそれぞれの地域について、その地域的特色や地域の課題を理解すること。
		●①から⑤(①自然環境を中核とした考察の仕方②人口や都市・村落を中核とした考察の仕方③産業を中核とした考察の仕方④交通や通信を中核とした考察の仕方⑤その他の事象を中核とした考察の仕方)までの考察の仕方で取り上げた特色ある事象と、それに関連する他の事象や、そこで生ずる課題を理解すること。
		●日本の諸地域において、それぞれ①から⑤までで扱う中核となる事象の成立条件を、地域の広がりや地域内の結び付き、人々の対応などに着目して、他の事象やそこで生ずる課題と有機的に関連付けて多面的・多角的に考察し、表現すること。
		●地域の実態や課題解決のための取組を理解すること。
		●地域的な課題の解決に向けて考察、構想したことを適切に説明、議論しまとめる手法について理解すること。
	3 内容の取り扱い	●一部の地域に偏ることのないようにすること。
		●世界各地の人々の生活の特色やその変容の理由と、その生活が営まれる場所の自然及び社会的条件との関係を考察するに当たって、衣食住の特色や、生活と宗教との関わりなどを取り上げるようにすること。
		●地域の考察に当たっては、そこに暮らす人々の生活・文化、地域の伝統や歴史的な背景、地域の持続可能な社会づくりを踏まえた視点に留意すること。
	歴史的分野 1 目標	●伝統と文化の特色などを、時期や年代、推移、比較、相互の関連や現在とのつながりなどに着目して多面的・多角的に考察したり、歴史に見られる課題を把握し複数の立場や意見を踏まえて公正に選択・判断したりする力、思考・判断したことを説明したり、それらを基に議論したりする力を養う。
	3 内容の取り扱い	●人々の生活や生活に根ざした伝統や文化に着目した取扱いを工夫すること。その際、博物館、郷土資料館などの地域の施設の活用や地域の人々の協力も考慮すること。
		●身近な地域の特徴を生かすようにすること。
	公民的分野 1 目標	●国民の生活の向上と経済活動との関わり、現代の社会生活及び国際関係などについて、個人と社会との関わりを中心に理解を深めるとともに、諸資料から現代の社会的事象に関する情報を効果的に調べまとめる技能を身に付けるようにする。
		●社会的事象の意味や意義、特色や相互の関連を現代の社会生活と関連付けて多面的・多角的に考察したり、現代社会に見られる課題について公正に判断したりする力、思考・判断したことを説明したり、それらを基に議論したりする力を養う。
	2 内容	●現代社会の見方・考え方の基礎となる枠組みとして、対立と合意、効率と公正などについて理解すること。
		●人間は本来社会的存在であることを基に、個人の尊厳と両性の本質的平等、契約の重要性やそれを守ることの意義及び個人の責任について理解すること。
		●身近な消費生活を中心に経済活動の意義について理解すること。
		●市場経済の基本的な考え方について理解すること。その際、市場における価格の決まり方や資源の配分について理解すること。
		●現代の生産や金融などの仕組みや働きを理解すること。
		●勤労の権利と義務、労働組合の意義及び労働基準法の精神について理解すること。
	3 内容の取り扱い	●「市場における価格の決まり方や資源の配分」については、個人や企業の経済活動が様々な条件の中での選択を通して行われていることや、市場における取引が貨幣を通して行われていることなどを取り上げること。
理科	第1分野 1 目標	●科学技術の発展と人間生活との関わりについて認識を深めるようにする。また、それらを科学的に探究するために必要な観察、実験などに関する基本的な技能を身に付けるようにする。
		●観察、実験などを行い、その結果を分析して解釈し表現するなど、科学的に探究する活動を通して、規則性を見いだしたり課題を解決したりする力を養う。
	2 内容	●物質には密度や加熱したときの変化など固有の性質と共通の性質があることを見いだして理解するとともに、実験器具の操作、記録の仕方などの技能を身に付けること。
		●水溶液から溶質を取り出す実験を行い、その結果を溶解度と関連付けて理解すること。
		●状態変化によって物質の体積は変化するが質量は変化しないことを見いだして理解すること。
		●酸化や還元は酸素が関係する反応であることを見いだして理解すること。
		●物体の運動とエネルギーを日常生活や社会と関連付けながら、次のこと((ア) 力のつり合いと合成・分解(イ) 運動の規則性(ウ) 力学的エネルギー)を理解するとともに、それらの観察、実験などに関する技能を身に付けること。
		●科学技術が人間の生活を豊かで便利にしていることを認識すること。
		●日常生活や社会では様々なエネルギーの変換を利用していることを見いだして理解すること。
		●人間は、水力、火力、原子力、太陽光などからエネルギーを得ていることを知るとともに、エネルギー資源の有効な利用が大切であることを認識すること。
		●科学技術が人間の生活を豊かで便利にしていることを認識すること。
		●自然環境の保全と科学技術の利用の在り方について科学的に考察することを通して、持続可能な社会をつくることが重要であることを認識すること。
	3 内容の取り扱い	●熱の伝わり方、放射線にも触れること。また、「エネルギーの変換」については、その総量が保存されること及びエネルギーを利用する際の効率も扱うこと。

教科等	項目	内容
理科	第2分野 1 目標	●生命を尊重し,自然環境の保全に寄与する態度を養うとともに,自然を総合的に見ることができるようにする。
	2 内容	●生物の組織などの観察を行い,生物の体が細胞からできていること及び植物と動物の細胞のつくりの特徴を見いだして理解するとともに,観察器具の操作,観察記録の仕方などの技能を身に付けること。
		●植物の葉,茎,根のつくりについての観察を行い,それらのつくりと,光合成,呼吸,蒸散の働きに関する実験の結果とを関連付けて理解すること。
		●消化や呼吸についての観察,実験などを行い,動物の体が必要な物質を取り入れ運搬している仕組みを観察,実験の結果などと関連付けて理解すること。また,不要となった物質を排出する仕組みがあることについて理解すること。
		●動物が外界の刺激に適切に反応している様子の観察を行い,その仕組みを感覚器官,神経系及び運動器官のつくりと関連付けて理解すること。
	3 内容の取り扱い	●植物と動物の細胞のつくりの共通点と相違点について触れること。また,細胞の呼吸及び単細胞生物の存在にも触れること。
		●光合成における葉緑体の働きにも触れること。また,葉,茎,根の働きを相互に関連付けて扱うこと。
		●各器官の働きを中心に扱うこと「消化については,代表的な消化酵素の働きを扱うこと。また,摂取された食物が消化によって小腸の壁から吸収される物質になることにも触れること。血液の循環に関連して,血液成分の働き,腎臓や肝臓の働きにも触れること。
		●各器官の働きを中心に扱うこと。
保健体育	1 目標	●健康の保持増進と体力の向上を目指し,明るく豊かな生活を営む態度を養う。
保健分野	1 目標	●個人生活における健康・安全について理解するとともに,基本的な技能を身に付けるようにする。
	2 内容	●健康は,主体と環境の相互作用の下に成り立っていること。また,疾病は,主体の要因と環境の要因が関わり合って発生すること。
		●健康の保持増進には,年齢,生活環境等に応じた運動,食事,休養及び睡眠の調和のとれた生活を続ける必要があること。
		●生活習慣病などは,運動不足,食事の量や質の偏り,休養や睡眠の不足などの生活習慣の乱れが主な要因となって起こること。また,生活習慣病などの多くは,適切な運動,食事,休養及び睡眠の調和のとれた生活を実践することによって予防できること。
		●喫煙,飲酒,薬物乱用などの行為は,心身に様々な影響を与え,健康を損なう原因となること。また,これらの行為には,個人の心理状態や人間関係,社会環境が影響することから,それぞれの要因に適切に対処する必要があること。
		●感染症は,病原体が主な要因となって発生すること。また,感染症の多くは,発生源をなくすこと,感染経路を遮断すること,主体の抵抗力を高めることによって予防できること。
		●健康の保持増進や疾病の予防のためには,個人や社会の取組が重要であり,保健・医療機関を有効に利用することが必要であること。また,医薬品は,正しく使用すること。
		●身体には,多くの器官が発育し,それに伴い,様々な機能が発達する時期があること。また,発育・発達の時期やその程度には,個人差があること。
		●思春期には,内分泌の働きによって生殖に関わる機能が成熟すること。また,成熟に伴う変化に対応した適切な行動が必要となること。
		●知的機能,情意機能,社会性などの精神機能は,生活経験などの影響を受けて発達すること。また,思春期においては,自己の認識が深まり,自己形成がなされること。
		●精神と身体は,相互に影響を与え,関わっていること。欲求やストレスは,心身に影響を与えることがあること。また,心の健康を保つには,欲求やストレスに適切に対処する必要があること。
		●身体には,環境に対してある程度まで適応能力があること。身体の適応能力を超えた環境は,健康に影響を及ぼすことがあること。また,快適で能率のよい生活を送るための温度,湿度や明るさには一定の範囲があること。
		●飲料水や空気は,健康と密接な関わりがあること。また,飲料水や空気を衛生的に保つには,基準に適合するよう管理する必要があること。
		●人間の生活によって生じた廃棄物は,環境の保全に十分配慮し,環境を汚染しないように衛生的に処理する必要があること。
		●交通事故や自然災害などによる傷害は,人的要因や環境要因などが関わって発生すること。
		●傷害の多くは,安全な行動,環境の改善によって防止できること。
		●自然災害による傷害の多くは,災害に備えておくこと,安全に避難することによって防止できること。
	3 内容の取り扱い	●健康の保持増進と疾病の予防に加えて,疾病の回復についても取り扱うものとする。
		●食育の観点も踏まえつつ健康的な生活習慣の形成に結び付くように配慮するとともに,必要に応じて,コンピュータなどの情報機器の使用と健康との関わりについて取り扱うことにも配慮するものとする。また,がんについても取り扱うものとする。
		●心身への急性影響及び依存性について取り扱うこと。また,薬物は,覚醒剤や大麻等を取り扱うものとする。
		●後天性免疫不全症候群(エイズ)及び性感染症についても取り扱うものとする。
		●異性の尊重,情報への適切な対処や行動の選択が必要となることについて取り扱うものとする。
道徳	2 内容	●望ましい生活習慣を身に付け,心身の健康の増進を図り,節度を守り節制に心掛け,安全で調和のある生活をすること。
		●多くの人々の善意により日々の生活や現在の自分があることに感謝し,進んでそれに応え,人間愛の精神を深めること。
		●父母,祖父母を敬愛し,家族の一員としての自覚をもって充実した家庭生活を築くこと。
		●生命の尊さについて,その連続性や有限性なども含めて理解し,かけがえのない生命を尊重すること。
		●地域社会の一員としての自覚をもって郷土を愛し,進んで郷土の発展に努めること。
		●優れた伝統の継承と新しい文化の創造に貢献するとともに,日本人としての自覚をもって国を愛し,国家及び社会の形成者として,その発展に努めること。
	3 内容の取り扱い	●家庭や地域社会,企業などとの連携を図るよう配慮すること。
		●授業の実施や地域教材の開発や活用などに家庭や地域の人々,各分野の専門家等の積極的な参加や協力を得たりするなど,家庭や地域社会との共通理解を深め,相互の連携を図ること。
総合的な学習の時間	2 内容	●日常生活や社会との関わりを重視すること。
	3 内容の取り扱い	●自然体験や職場体験活動,ボランティア活動などの社会体験,ものづくり,生産活動などの体験活動,観察・実験,見学や調査,発表や討論などの学習活動を積極的に取り入れること。
		●グループ学習や異年齢集団による学習などの多様な学習形態,地域の人々の協力も得つつ,全教師が一体となって指導に当たるなどの指導体制について工夫を行うこと。
特別活動	2 内容	●学級や学校における生活をよりよくするための課題を見いだし,解決するために話し合い,合意形成を図り,実践すること。
		●社会の一員としての自覚や責任を持ち,社会生活を営む上で必要なマナーやルール,働くことや社会に貢献することについて考えて行動すること。
		●節度ある生活を送るなど現在及び生涯にわたって心身の健康を保持増進することや,事件や事故,災害等から身を守り安全に行動すること。
		●給食の時間を中心としながら,成長や健康管理を意識するなど,望ましい食習慣の形成を図るとともに,食事を通して人間関係をよりよくすること。
	3 内容の取り扱い	●家庭や地域の人々との連携,社会教育施設等の活用などを工夫すること。
		●幼児,高齢者,障害のある人々などとの交流や対話,障害のある幼児児童生徒との交流及び共同学習の機会を通して,協働することや,他者の役に立ったり社会に貢献したりすることの喜びを得られる活動を充実すること。

127

編 著

長澤由喜子（岩手大学）　　木村美智子（茨城大学）　　鈴木真由子（大阪教育大学）　　田中宏子（滋賀大学）

永田晴子（大妻女子大学）　　中村恵子（福島大学）　　横山真貴子（奈良教育大学）

題材例　執 筆（50音順）

浅井 直美	（東京都江戸川区立南葛西第二中学校）	小林 美礼	（筑波大学附属中学校）
阿部 睦子	（東京学芸大学附属高等学校）	佐々木由貴子	（岩手県盛岡市立黒石野中学校）
加賀 恵子	（大阪教育大学）	田口 幸子	（神奈川県横浜市立本郷中学校）
筧　 敏子	（公立中学校）	原　 郁子	（東京都品川区立戸越台中学校）
川本 可奈子	（神奈川県横浜市立六角橋中学校）		

開隆堂出版 編集部

早わかり&実践
新学習指導要領解説
中学校技術・家庭 家庭分野
理解への近道

2017年10月10日　第1刷発行

編 著	長澤由喜子／木村美智子／鈴木真由子／田中宏子／永田晴子／中村恵子／横山真貴子
発行者	大熊隆晴
発行所	開隆堂出版株式会社
	〒113-8608　東京都文京区向丘1丁目13番1号
	http://www.kairyudo.co.jp
印刷所	壮光舎印刷株式会社
発売元	開隆館出版販売株式会社
	〒113-8608　東京都文京区向丘1丁目13番1号
電 話	03-5684-6118
振 替	00100-5-55345

表紙・本文デザイン／ソフトウェーブ株式会社　本文イラスト／岡林 玲　速水 えり

●定価はカバーに表示してあります　　●本書を無断で複製することは著作権法違反となります　　●乱丁本,落丁本はお取り換えします

ISBN　978-4-304-02151-0